大學個人申請入學及
四技二專甄選
金榜必勝手冊

台大化工系教授、**K**書高手
108課綱第一屆甄試審查教授

呂宗昕 特聘教授　著

前言

　　108課綱實施之後，高中同學、高中家長、高中老師等相關人士皆有許多疑惑，北部五所明星高中校長甚至聯袂拜訪台大管中閔校長，共同討論新課綱對高中生升大學的衝擊及影響。

　　為因應新課綱的實施，高中端的同學、家長、老師們必定十分關心在課程名稱、學習內容、書審資料等方面有何重大改變，也會非常希望瞭解大學端的教授如何審查新類型的備審資料；另一方面，在大學端負責審查書審資料的教授卻未必全然瞭解高中教學相應的變革。

　　但凡一種新制度在推動的過程中，必定會歷經一段調適期，尤其是108課綱施行的初期讓許多高中同學茫然無所適從，身心都承受了莫大的挑戰及煎熬，也讓家長及老師們心疼不已。

　　在因緣際會下，我參與了108課綱第一屆高中生個人申請大學入學甄試的審查工作，也因此對於高中生上傳資料的真實狀況有了第一線的瞭解。雖然申請本校甄試的同學皆為成績非常優異的學生，但是同學們上傳的資料五花八門，且這些資料的質與量存有非常大的落差，於是引起了我的好奇心，想進一步探究高中同學是如何撰寫上傳資料，高中老師是如何指導學生準備上傳資料及完成報告等問題。

　　經過多次訪談，我發現不論是高中同學、高中老師、高中學生家長心中都還有許多疑惑，尤其是他們尚未清楚認知在現行的108課綱制度下，過去行之有年的大學個人申請入學及四技二專甄選的審查方式及錄

取標準已逐漸發生變化。

因有些高中同學準備不夠充分，以致上傳資料的質與量較不理想，例如絕大多數科系都會要求繳交「高中學習歷程反思」及「就讀動機」，但能夠真正寫出「學習反思」，並清楚敘述「就讀動機」的學生卻僅是少數。在書面報告部份，有的同學似是匆促繳交，有的同學則認真翔實撰寫。這些在以往普遍末受到高中同學及家長高度重視的書面資料及試前準備，現在卻極可能成為影響大學個人申請入學及四技二專甄選結果的重要關鍵。

因應當前教育制度之重大變革，我深深覺得有必要為眾多莘莘學子做一個完整說明與介紹，希望能幫助高中同學瞭解並適應108課綱，儘早做好大學申請入學上傳資料的準備，並制訂最佳的入學申請策略。基於多年為人師表之職志，我將個人心得及建議撰寫成冊，供高中同學及家長做為參考，期待年輕學子人人都能達成心願，順利考上理想志願校系。本書共有七大章節，分別簡述如下：

第一章：掌握大學個人申請入學及四技二專甄選的必勝策略

說明高中同學可能驚喜上榜的原因，也列舉同學可能意外落榜的原因，解說大學及四技二專的升學管道，以及提醒甄試所需準備的備審資料。

第二章：如何收集及分析大學個人申請入學及四技二專甄選的必備書審資料？

指導高中同學如何收集備審資料，提醒儘早準備「六大黃金必備書審資料」，說明書審成績對甄試結果的重要性，以及敘述甄選勝出的「三大法寶」。

第三章：大學教授如何評量高中同學的三年修課成績？

　　說明大學教授進行書面資料審查的程序，解釋教授如何對備審資料進行評分，強調修課成績的重要性，以及提醒同學修課應避免誤踩的「十大地雷」！

第四章：大學教授如何評量高中同學的課程學習成果報告？

　　解說「學習成果報告」對書審成績的影響，說明這份報告應寫到何種程度，介紹大學教授審查「學習成果報告」的原則，以及提醒大家避開可能誤踩的失分「十大地雷」。

第五章：如何寫出可獲高分的「學習歷程自述」及「多元表現綜整心得」？

　　說明寫好「學習歷程自述」的重要性，教導同學替自己加分的「十大得分秘訣」，同時解說「多元表現」對書審成績的影響力，以及提醒避開「多元表現」失分的「十大地雷」。

第六章：如何準備大學個人申請入學及四技二專甄選的口試？

　　建議同學口試前需做好哪些準備，提醒口試時應避免的「十大錯誤」，說明應有的應試心理建設，以及提供口試考場中的「十大得分秘訣」。

第七章：給高一、高二及高三同學的十大綜合建議

　　在最後一章裡，針對高一及高二同學，給予提前做好準備的「十大建議」；另特別針對高三同學，給予最後衝刺階段的「十大建議」！

　　為求盡可能反映大部份審查教授的想法及各校主管的看法，於本書撰寫時，已多方參考《聯合報》、《親子天下》、《作伙學》、

《ColleGo》等媒體及網站之統計分析報告。因各校系的教育目標及招生策略不同，各有不同的選才標準，且每位教授都有其獨到的看法與見解，所以文中所述不見得能夠面面俱到，與每位教授的觀點相符，如有疏漏不足之處，敬請包涵諒解。本書撰文出自個人見解，不代表本人服務單位及校方整體之想法及建議。祈願本書能夠發揮拋磚引玉之效，讓更多不同校系教授及行政主管願意與高中同學分享其寶貴審查經驗，幫助高中同學瞭解備審資料的準備方向，也有益於讓審查制度更趨完善。此外，也鼓勵同學多與學校老師討論，多向各校不同科系教授請益，多聽取各方不同建議，從中找出最適合自己的申請模式及準備書審資料的方法，以期順利考上理想志願校系。

　　在此感謝台南一中廖財固校長、高雄女中鄭文儀校長、高雄市國教輔導團葉士昇老師及台中市景文高中蔡淇華老師的熱心推薦。並感謝商周出版社的程鳳儀總編輯及黃筠婷小姐的仔細編輯，與內人的細心校稿及簡唯庭小姐的精彩插畫。程小姐是我多年前《K書高手》系列的編輯，該系列的成功出版，歸功於楊如玉總編輯及程小姐的精心規畫與編輯。

　　衷心祝福本書的所有讀者都能更有效率地展現高中學習成果，完成內容精彩豐富的備審資料，進而成功錄取理想大學或四技二專，累積專業科目知識，日後順利步入職場一展長才，為社會貢獻所學，在職場上發光發熱！

Contents

Contents

第五章　如何寫出可得高分的「學習歷程自述」及「多元表現綜整心得」？

Contents

第一章

掌握大學個人申請入學及四技二專甄選的必勝策略

1-1 大學及四技二專甄選驚喜上榜的「十大可能原因」
——想方設法讓自己將來可驚喜上榜！

Q：請問教授，108課綱施行後，大學申請入學甄試及四技二專甄選會為許多人帶來驚喜或錯愕嗎？

Ans：108課綱施行後，確實在有形及無形中改變了大學申請入學及四技二專甄選的規則及審查標準。甄試放榜後，事前有做足充分準備的同學多能獲得驚喜的結果，但也很可能讓準備不及的同學感到錯愕。

108課綱首代白老鼠

108課綱實施後的首屆學測考完後，《天下雜誌》發表一篇網路文章，標題是「108課綱首代白老鼠！大學申請入學門檻大亂，考生陷焦慮迷宮！」，看了標題確實令人觸目驚心。文中敘述高中同學、家長、老師都在為108課綱煩惱困惑，幾乎成為「焦慮三位一體」，大家集體在迷宮裡找尋出路。

教育部長潘文忠也親自參加《親子天下》所舉辦的座談會，與學生代表面對面會談，聆聽高中學生在學習現場第一線的心聲及建議，還做了三頁A4紙的筆記，做為日後課綱實施調整方向的參考。會後他稱讚說：「現在的學生真的不一樣了！」

《聯合報》也向全台高中同學發佈「我有話要說！新課綱學生心聲大募集」網路問卷，收到高中同學超過10萬字的心聲後，發表網路文章「高中生10萬字血淚自白，學習歷程檔案讓孩子們壓力爆棚！」，述說

高中同學在新課綱學習及準備備審資料過程中的困難與窘境。

由各大媒體廣泛討論的熱烈程度，確實可瞭解108課綱實施後的學習現場真實情形及高中同學的辛苦狀況。

五大明星高中校長請益台大校長

各大媒體如此熱切討論，那麼高中同學的大家長——各高中的校長又是如何看待108課綱呢？答案是高中校長們同樣地備感焦慮。

《聯合報》報導為了108課綱的相關問題，五所北部明星高中校長：包括建國中學徐建國校長、北一女中陳智源校長、師大附中王淑麗校長、成功高中孫明峯校長及中山女高吳麗卿校長聯袂拜訪本校管中閔校長，會談長達兩個小時，討論新課綱對高中學生升大學的衝擊及影響。

據與會人士透露，會中大家也是憂心忡忡，因高中端不瞭解大學教授將如何命題及如何甄選學生，而大學端也因尚未收到高中生的申請資料，無法立即評論新制度實施後的實際狀況。

前國立暨南國際大學校長李家同教授事後在臉書發文，說五位明星高中校長聯合去見台大校長恐怕是我國教育史上的第一次，恐怕也是全世界都很難見到的事情。

若是明星高中校長都滿懷不安時，更遑論一般高中生及高中生家長更是在考試前焦慮萬分、滿腹疑問了。

每個新課綱的實施及產生均有其時空背景，也是經過許多專家學者長期構思、分析、討論及架構出的心血結晶。其目的均是為了提高教育品質，及培育更優秀的莘莘學子。在實施初期必然會經過一段不確定

期、不適應期或是短暫陣痛期，但越能提早適應新制度及越能欣然接受新制度變化的同學，勢必為考場上的寵兒及金榜題名的勝利者。

對於一般型高中、綜合型高中、或是技術型高中的同學而言，有關教育制度改變及課綱修正的傷腦筋問題，就留給教育高層去逐漸解決調整吧！對你而言，當務之急是能考上自己想讀的大學或四技二專，及考進心目中的理想科系。其實你不需因其他問題而分心，或過度抱怨對自己未來升學沒有幫助的事情。

甄試放榜後會覺得驚喜的同學

108課綱是什麼？有的同學耳熟能詳，有的同學卻懵懵懂懂。

108課綱施行後，大學申請入學及四技二專甄選需要繳交哪些書面審查資料？甄試評分又是如何計算分數？針對這些問題，我們將在隨後的章節裡逐一詳加介紹。

在第一節裡，先來談談為何許多同學在甄試放榜後，會因為成功甄試考上其夢幻科系而大為驚喜。原本學測成績平平的人，卻能低分錄取特定科系；也有些同學原本對推甄沒有把握，結果卻能金榜題名。

在同樣通過大學申請入學及四技二專甄選第一階段篩選的一群人中，這些事前有充分準備的同學因為他們在書審及筆試／口試的優異表現，反而有機會打敗學測總級分較高的人，成功錄取原本他們覺得有相當難度的夢幻科系。

有多所高中校長曾經表示，校方為因應108課綱施行後的大學申請入學制度，從高一起就提前安排同學修習課程及繳交報告等，也果不其然繳出了漂亮的放榜成績單。

　　呂老師剛好參與了108課綱施行後的第一屆大學申請入學備審資料審查，在看過許多畢業生們的書審資料後，來推測這些同學能夠驚喜上榜的十大可能原因：

努力考試　　學習反思

學習計畫　　準備口試　　多元表現

- [ ] 1. 在拼學測或統測的同時，也提前為第二階段甄試做準備。
- [ ] 2. 不論在校成績優劣，努力收集各校甄試所需資料。
- [ ] 3. 從高一起，每學年認真繳交學習歷程成果。
- [ ] 4. 從高一起，每學年認真繳交多元表現成果。
- [ ] 5. 從高一起，積極參加競賽及相關學力測驗。
- [ ] 6. 在甄試前，認真撰寫學習歷程反思。
- [ ] 7. 在甄試前，認真撰寫該系就讀動機。
- [ ] 8. 在甄試前，認真撰寫未來學習計畫。
- [ ] 9. 在甄試前，認真撰寫多元表現統整心得。
- [ ] 10. 在甄試前，認真準備筆試或口試。

　　＊看完了上述驚喜上榜的十大可能原因後，請在需要特別提醒自己注意的項目方框中畫「☆」號，並進一步強化該項目的準備。

　　上述這些能讓同學驚喜上榜的原因都非偶然產生，沒有花費一定的心血，其實是不容易僥倖上榜的。

　　大學是個高度強調自治自主的教育單位，每位教授都有獨立的想法及評量標準，未必呂老師上述提到的內容可以涵蓋每位教授的想法，可能有些教授因某些考生的某項特質給予加分，這也是非常可能的事情。

　　《親子天下》以問卷方式訪查全國六百位以上負責甄試的大學教授，調查教授們認為一份能獲得高評價的書審資料，應具備哪些條件？結果大學教授們回答的前五大條件如下：

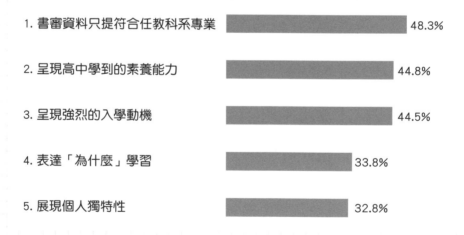

1. 書審資料只提符合任教科系專業　　48.3%

2. 呈現高中學到的素養能力　　44.8%

3. 呈現強烈的入學動機　　44.5%

4. 表達「為什麼」學習　　33.8%

5. 展現個人獨特性　　32.8%

　　長條圖的數字代表選擇該項目教授的百分比，你會發現上述調查結果與呂老師推測的原因有許多不謀而合之處。

當然那些驚奇上榜的同學也有可能有其他獨自努力的特殊原因。建議你可多與學校老師聊聊，看看是否有其他可以幫助自己加分的項目。

天下沒有白吃的午餐，也沒有天上掉下來的自動上榜！

若你希望自己將來能驚喜上榜，一定得先努力付出！

貼心小提醒

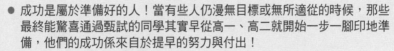

- 成功是屬於準備好的人！當有些人仍漫無目標或無所適從的時候，那些最終能驚喜通過甄試的同學其實早從高一、高二就開始一步一腳印地準備，他們的成功係來自於提早的努力與付出！

- 請立志在甄試放榜後當個驚喜收到放榜喜訊者，而非後悔莫及的人！

1-2 大學及四技二專甄選慘遭滑鐵盧的「十大可能迷思」
——不要誤踩讓自己落榜的「十大可能地雷」！

Q：請問教授，為什麼我的學長明明學業成績很好，卻沒有考上理想的大學校系呢？

Ans：唉！很多同學沒有注意108課綱施行後，學測及統測成績的影響力逐漸下降。可能有些同學忽略了備審資料的準備，導致未能考上心目中理想的大學科系。

為何有些同學會慘遭滑鐵盧呢？

剛開始施行108課綱時，許多同學仍抱持著舊思維，針對舊有考試制度來規畫學習狀況，認為一切應以學測或統測為主，其他的等考完學測或統測再說。

台大電資學院張耀文院長曾提及一件事情，有一位高材生四科學測都是滿級分，總分高達六十級分，但第二階段甄試竟然不幸落榜，結果在輔導老師面前痛哭了一小時。

學測或統測成績固然重要，但在第二階段甄試時，學測或統測成績不再是決定勝敗之唯一關鍵。如果想在考完學測或統測後再來準備書面資料，很可能會因時間不夠而落入心有餘而力不足的窘境，導致與原本以為必是「囊中之物」的科系失之交臂。

呂老師在審查第一線看了許多同學的書審資料後，其實有頗多感觸。有些學業成績非常優異的同學，所繳出的報告卻是水準平平。但有

些學業成績屬中等程度的同學，卻能繳交出令人驚艷的報告。這些書審資料的評分確實會影響第二階段的甄試結果。

呂老師整理出同學放榜後慘遭滑鐵盧的十大可能迷思：

慘遭滑鐵盧的十大可能迷思

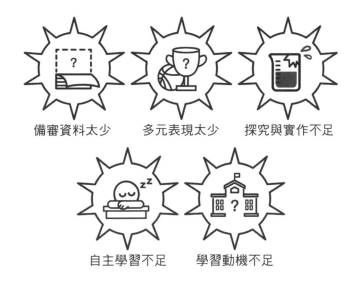

備審資料太少　　多元表現太少　　探究與實作不足

自主學習不足　　學習動機不足

☐ 1. 許多同學自恃課業成績優異，以為只要考試成績贏過別人甚多，其他書面資料準備就無關緊要了。

☐ 2. 許多同學在高一、高二時不注重書面報告，往往只求敷衍了事、交差即可，導致真正甄試前沒有合適的報告可交。

☐ 3. 許多同學太偏重學業成績，多元表現的成果卻乏善可陳。

☐ 4. 繳交的書面報告品質與學業成績表現落差太大，讓人難以相信是由高材生所完成的報告。

☐ 5.「探究與實作」報告中，常常淪於探究不全，實作也不足，讓人無法感受到同學的熱忱與投入，覺得僅僅是為了應付老師而寫。

☐ 6.「學習歷程反思」報告中，可能是準備時間不足或未認真撰寫，有些同學寫得非常簡要，無法反映出高中三年的歷程及反思。

☐ 7.「自主學習」報告中，有的同學寫得過於精簡，無法呈現同學如何自主？如何學習？學到什麼？成果為何？

☐ 8. 就讀動機撰寫不夠明確，這一點尤其常見於許多高材生身上。許多人或許自恃學測成績優異，心想通過推甄必是手到擒來，沒有花功夫好好研究各科系狀況，導致就讀動機寫得不夠翔實。

☐ 9. 未來學習計畫缺乏個人特色。可能很多人都是參考學長姊的資料或是坊間範本書籍，所以未來學習計畫讀起來皆是大同小異，同質性太高。

☐ 10. 有些人在前五學期都是名列前茅，但第六學期重要科目成績卻大幅退步。因為第六學期重要科目的內容往往與大學課程有所銜接，所以第六學期成績的高低會直接影響審查教授對你的評分。

＊看完上述十項迷思後，請在需要特別提醒自己注意的項目框框中畫「X」號，以確定自己不會犯該項錯誤。

前面有提到每位教授都有獨立的評量標準，未必呂老師上述提到的狀況可以涵蓋每位教授的想法，可能有些教授因某些考生的某項因素給予扣分，這也是非常可能的事情。

上述所提到的十大可能迷思，僅是呂老師善意的提醒，讓你做為參考。建議你有時間可與學校老師聊聊，瞭解一下學長姊實際考試狀況，看看是否有其他可能讓他們意外落榜的原因，說不定還有其他的隱藏「地雷」。

不論你是想參加大學申請入學甄試或四技二專甄選，學測或統測成績只能決定你是否能通過第一階段甄選。最後真能金榜題名，還是必須在第二階段的各項審查中打敗其他各校高手！

請小心，不要誤踩上述可能讓自己落榜的十大可能「地雷」！

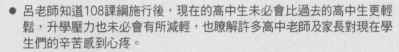

- 呂老師知道108課綱施行後，現在的高中生未必會比過去的高中生更輕鬆，升學壓力也未必會有所減輕，也瞭解許多高中老師及家長對現在學生們的辛苦感到心疼。

- 一個新制度的推行，必須經歷一段時間的調整適應期。與其大聲抱怨這個制度，不如以積極正向的心態面對未來的考試及挑戰，你才能獲得「正面能量」！

- 108課綱的實施，確實是希望大學端的教授們能從多面向來評量一位同學的能力，所以過去以學測或統測成績至上的想法需要逐漸修正。

1-3 108課綱施行後的大學升學管道有哪些？

—— 要瞭解大學升學的主要管道是「個人申請入學」

 Q：請問教授，108課綱對於行之已久的大學升學管道會產生哪些變革？

 Ans：108課綱施行後，仍然維持既有的四大升學管道，但是各管道的比例有所改變，且審查及錄取標準也有所調整。

108課綱下的大學升學管道

「108課綱」已施行數年，卻仍有人在問「108課綱」到底是什麼？

「十二年國民基本教育課程綱要總綱」於108年8月正式實施，其簡稱為「108課綱」。

高中同學最關心的問題莫過於大學升學管道究竟有無改變，其答案是仍然維持原有的四大入學管道，圖示於右：

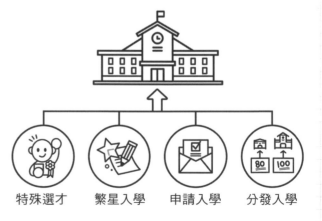

大學入學管道

特殊選才　　繁星入學　　申請入學　　分發入學

大學四大升學管道的比例

大學升學管道	特殊選才	繁星推薦	申請入學	分發入學
錄取比例	1～2%	～16%	>57%	～25%

從近幾年的大學新生錄取狀況可發現幾個重要趨勢：

1. 申請入學的學生在總錄取人數的佔比越來越高，近年來已超過半數，甚至高於57%。

2. 每年經由申請入學而錄取的人數是經由分科考試分發入學者的兩倍以上，申請入學已成為升大學的最主要管道。

3. 申請入學甄試時，大學教授除了檢視申請人的學測成績及在校成績外，還要審查「學習歷程自述」及「多元表現」。後兩項也是影響甄試成績及申請結果的重要因子。

由以上說明，可瞭解未來升大學的管道將以申請入學為主，而這項申請需要經過第二階段篩選，而該階段所要求的備審資料的準備就成為決勝關鍵。

有關四技二專的升學管道將在第五節為同學說明。

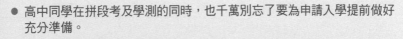
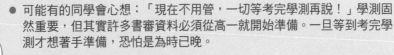

- 高中同學在拼段考及學測的同時，也千萬別忘了要為申請入學提前做好充分準備。

- 可能有的同學會心想：「現在不用管，一切等考完學測再說！」學測固然重要，但其實許多書審資料必須從高一就開始準備。一旦等到考完學測才想著手準備，恐怕是為時已晚。

- 有機會申請繁星入學的同學，因需「撕榜」搶志願，競爭相當激烈。如果不幸「撕榜」未成功，請不要為了逃避申請入學而委屈自己，勉強選擇一個自己不甚喜歡的校系。

1-4 108課綱如何改變大學的入學程序？
——要掌握備審資料對第二階段甄試的重要性

Q：請問教授，108課綱會改變大學入學程序嗎？

Ans：108課綱施行後，高中同學除了通過學測篩選，還必須另外提交不同以往的書審資料，接著再接受筆試或口試。這些在過去較不受重視的書審資料，將逐漸成為決定高中同學能否進入理想大學校系的重要關鍵。

108課綱基本重點

108課綱是什麼？現在將該課綱的重點簡述如下：

◆ 108課綱希望發展全人教育，教導每位同學學會「自發」、「互動」及「共好」。

◆ 108課綱以「成就每一個孩子適才揚才、終身學習」為願景。

◆ 108課綱訂定「啟發生命潛能」、「陶養生活知能」、「促進生涯發展」、「涵育公民責任」四大總體課程目標。

◆ 108課綱之核心素養強調以人為本的「終身學習者」，回應三大面向學習，分別為「自主行動」、「溝通互動」及「社會參與」。

108課綱如何改變了大學入學申請方式？

高中同學看了上述108課綱內容，大致瞭解課程的宗旨與目的之後，應該會很關心該課綱如何改變大學入學申請程序？

在新型態課綱下，大學入學申請可區分為兩階段：

Step 1	
參加考試	學測
考試科目	國文、英文、自然、社會、寫作、數學A、數學B（增加數學B一科）

⬇

Step 2	
第一階段篩選	個人大學入學申請
篩選標準	依各科系訂定之學測五標申請

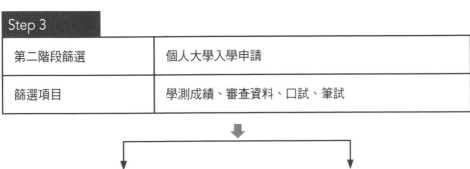

未通過第一階段篩選 ☹　　　　　通過第一階段篩選 ☺

Step 3	
第二階段篩選	個人大學入學申請
篩選項目	學測成績、審查資料、口試、筆試

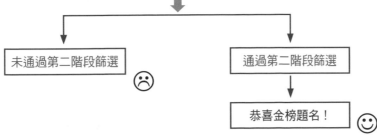

未通過第二階段篩選 ☹　　　　　通過第二階段篩選

恭喜金榜題名！ ☺

　　由以上的說明，你可發現你需過五關斬六將之後，才能順利甄試考上志願校系。

　　呂老師曾訪問過多位高中老師，他們的共同感慨是從高一開始就不斷耳提面命，提醒同學要留意新課綱會影響入學審查制度及分發成績，要求同學提早準備，但真正按照建議執行的同學卻是少之又少。

　　有時多聽聽老師的建議，真的會獲益良多！

貼心小提醒

● 有些老師頗感惋惜地說，等到有同學「大意失荊州」，申請學校失利後，方能真正體會老師當初的苦口婆心。

● 有些同學習慣聽取學長的建議。但是當考試制度正處於新舊交替階段時，老師的建議應該會比學長的建議更實際且受用。

1-5 108課綱也改變了四技二專的升學方式嗎？

——要明白四技二專的主要升學管道是「甄選入學」

 Q：請問教授，假如我要甄試四技二專，108課綱施行帶來了什麼改變呢？

 Ans：108課綱施行後，四技二專的升學管道仍然如過去的制度，但是書審資料內容與書審佔分比例上確實產生了很多變化喔！

108課綱對四技二專的影響

　　一般科技院校四年制及專科學校二年制簡稱為四技二專。四技二專主要是技術型高中、綜合型高中專門學程畢業高中生的主要升學管道。普通高中的畢業生也可經由適合的管道申請就讀四技二專。

　　108課綱施行後，為強化高中同學之技術能力，達到學以致用的目標，在四技二專招生時有以下四個重點調整方向：

1. 統測（統一入學測驗）專業科目命題範圍的調整
2. 統測共同科目素養導向題型及專業科目實務導向題型的調整
3. 備審資料要參考學習歷程檔案
4. 科技繁星比序納入技能領域

　　由以上說明，可瞭解過去施行多年的統測考試仍然會實施，經過第一階段篩選後，當進入第二階段時，書審資料要參考學習歷程檔案及其他資料，這是與過去甄選方式最大的不同之處。在後面的章節裡，呂老師會再詳加介紹。

四技二專的入學管道

　　除了採行「繁星計畫」、「特殊選才」、「技優保送」、「技優甄選」的同學不須參加統測，可直接申請四技二專外，高中同學都需經過統測或學測以參加四技二專的甄選入學或申請入學。四技二專的入學管道圖示於下：

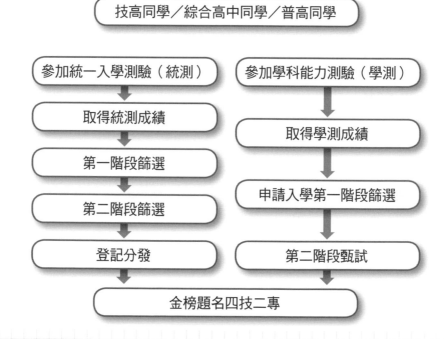

◆ 由以上表格可瞭解除少數同學外，一般技高及綜高同學都需經統測考試，才能有機會參加第一階段甄選。

◆ 當通過第一階段甄選後，再經過第二階段的書審、口試、筆試、實做等測驗，才能順利甄選進入四技二專。

◆ 未甄選上四技二專的技高與綜高同學，仍可經由登記分發的方式，按統測分數高低及志願序，進入自己選擇的校系。

◆ 普通高中的同學也可依學測成績，按照各校不同規定，以「申請入學」的方式申請四技二專。

四技二專升學的考試與書審

另外在108課綱施行後，各管道的錄取比例有所調整如下：

四技二專升學管道	繁星及特殊選才等	甄選入學	登記分發入學
錄取比例	～5%	～70%	～25%

由於四技二專升學管道較為複雜，呂老師再將不同類型高中申請四技二專所需要的考試及資料整理於下表：

四技二專升學					
升學管道	高中類別			甄試採計分數	
	普通高中	技術型高中	綜合型高中	考試種類	採計學習歷程檔案
四技申請入學	☆		☆	學測	☆
甄選入學		☆	☆（專門學程學生）	統測	☆
聯合登記分發		☆	☆	統測	

由上述表格可知：

◆ 想讀四技二專的同學，甄選入學將成為重要升學管道。

◆ 若你是技高及綜高同學想參加四技二專甄選，除了要統測成績達標外，學習歷程檔案資料的準備也是必備條件。

◆ 若你是一般高中同學想參加四技申請入學，除了學測需過關外，一定還要準備學習歷程檔案資料。

　　由此可知，學習歷程檔案資料對四技二專升學的重要性，千萬不可忽視！

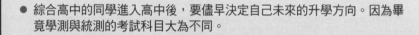

● 綜合高中的同學進入高中後，要儘早決定自己未來的升學方向。因為畢竟學測與統測的考試科目大為不同。

● 技術型高中同學在準備統測的同時，也不要忽略書審資料的重要性，因為明星科大的書審成績佔分比例是相當高的，往往這方面的準備會被同學忽視。

● 近來選系不選校已逐漸成為趨勢。普通高中的同學除了一般大學外，也應考慮科技大學。能考上一個熱門科系，說不定比考上一個明星學校對自己未來發展更有幫助！

1-6 108課綱施行後，大學個人申請入學要繳交什麼資料？

——要滿足大學「個人申請入學」的必要條件

 Q：請問教授，108課綱大學入學申請書審與以前的書審有何不同呢？

 Ans：以前是必備資料的自傳，現在則不見得一定要繳交。

　　雖然目前沒有規定每位學生都需繳交自傳，但是新增的「學習歷程自述」及「多元表現綜整心得」則屬需繳交資料，這兩份資料是要滿足大學「申請入學」的必要條件。

108課綱大學入學申請的審查資料

　　各大學第二階段甄試的審查資料分為五大項目：

1. 修課紀錄
2. 課程學習成果
3. 多元表現
4. 學習歷程自述
5. 其他

備審五大資料

修課紀錄　　　課程學習成果　　　多元表現

學習歷程自述　　　其他資料

五大項目中的詳細內容

上述五大項目中，又可進一步細分為A至T二十個細項。

許多高中生一見到大學申請入學竟然需準備多達二十項資料，不禁頭皮發麻、備感壓力。

但是先別驚慌失措、自己嚇自己。雖然大學招聯會列出二十項書面資料，但各科系並不會要求考生同時繳交所有資料，而是會依照該科系之選才原則規定需要繳交哪些資料。一般科系會要求繳交五至六項，要求較高的科系則會要求繳交八至十項。

應繳交書類的代號及名稱列表於下：

項次	審查資料	項目內容代碼對照
1	修課紀錄	A. 修課紀錄
2	課程學習成果	B. 書面報告 C. 實作作品 D. 自然科學領域探究與實作成果，或特殊類型班級之相關課程學習成果 E. 社會領域探究活動成果，或特殊類型班級之相關課程學習成果
3	多元表現	F. 高中自主學習計畫與成果 G. 社團活動經驗 H. 擔任幹部經驗 I. 服務學習經驗 J. 競賽表現 K. 非修課紀錄之成果成品 L. 檢定證照 M. 特殊優良表現證明 N. 多元表現綜整心得
4	學習歷程自述	O. 高中學習歷程反思 P. 就讀動機 Q. 未來學習計畫與生涯規畫
5	其他	R. （系自行輸入限10字） S. （系自行輸入限10字） T. （系自行輸入限10字）

繳交書類相關規定

◆ 若甄試科系要求考生繳交課程學習成果時，考生可選擇學習成果最多3件。

◆ 若甄試科系要求考生繳交多元表現成果時，考生可選擇多元成果最多10件。

◆ 當上傳多元成果時，須另行繳交多元表現綜整心得一份，其字數最多800字，圖片最多3張。

　　當你知道未來大學入學申請需準備這麼多資料時，在準備段考或參加社團活動之餘，請儘量想辦法擠出些時間，提早應對、提早準備。

　　只有做足充分準備的人，才能獲得「成功」的眷顧！

貼心小提醒

- 呂老師在審查高中同學的書面資料時，發現有少數人僅繳交了兩件學習成果報告。對於競爭激烈的系所，同學若是只繳交兩件學習成果報告將會相當不利，因為其他競爭者都繳足了三件。

- 另外在審查高中同學的多元表現綜整心得時，發現有些人明明文武雙全，在各項校內外競賽榮獲佳績等，但在綜整心得中卻只是「輕描淡寫」般簡略帶過，沒有凸顯自己的特殊優異表現，著實十分可惜。

- 有些同學只要再花點功夫，加強說明自己的強項，就可吸引審查教授的目光並獲得肯定。若無法抓住教授的眼球，只是「掃描式」看過便罷，豈不白費你過去三年的努力？

1-7 108課綱施行後，四技二專甄選要繳交什麼資料？

——要清楚知道四技二專甄選的計分方式及必繳資料

 Q：請問教授，我想要甄試四技二專，甄選前也要繳交書審資料嗎？

 Ans：是的。108課綱施行後，不論你是要申請大學入學或是想甄試四技二專，都是要繳交書審資料的。

108課綱對四技二專甄選的影響

在108課綱施行後，技術型高中同學通過統測篩選，進入到第二階段甄選後，都必須繳交「學習歷程備審資料」供學校審查。

其目的在於提升備審資料的品質，使考生有機會呈現學習外的成果，並可展現個人特色及學習軌跡，並協助同學進行自我生涯探索。

該「學習歷程備審資料」分為四大部份：

備審資料

修課紀錄　　課程學習成果　　多元表現　　自行上傳資料

學習歷程備審資料詳細內容

　　在「學習歷程備審資料」四大部份的第一項「修課紀錄」，包括你高中三年的修課課程及成績等，第二至第四項則須分別自行製作檔案上傳至學校規定網站。詳細內容如下表所示：

四技二專甄選之學習歷程備審資料			
分類	項目名稱及代碼	上傳人	上傳時間
A. 修課紀錄	三年修課課程及課程成績	學校	甄試前
B. 課程學習成果	B-1. 專題實作及實習科目學習成果	考生本人	各學期
	B-2. 其他課程學習（作品）成果	考生本人	各學期
C. 多元表現	C-1. 彈性學習時學習成果（包括自主學習或選手培訓或學校特色活動）	考生本人	各學期
	C-2. 社團活動經驗	考生本人	各學期
	C-3. 擔任幹部經驗	考生本人	各學期
	C-4. 服務學習經驗	考生本人	各學期
	C-5. 競賽表現	考生本人	各學期
	C-6. 非修課紀錄之成果作品（如職場學習成果）	考生本人	各學期
	C-7. 檢定證照	考生本人	各學期
	C-8. 特殊優良表現證明	考生本人	各學期
D. 自行撰寫及上傳資料	D-1. 多元表現綜整心得	考生本人	各學期
	D-2. 學習歷程自述（含學習歷程反思、就讀動機、未來學習計畫與生涯規畫）	考生本人	各學期
	D-3. 其他有利審查資料	考生本人	各學期

　　若你詳加比較大學入學申請及四技二專甄選的書審資料規定後，其實會發現二者內容大同小異，僅是項目名稱更動及代碼改變而已。

一個技術型高中同學三年中最多可上傳18件課程學習成果,而招生校系採計學習成果最多6件。若招生校系僅要求3件時,你由18件中挑選3件最佳成果上傳即可。

一位技術型高中同學三年中可上傳30件多元表現成果,而招生校系最多可採計10件。若該科系僅要求5件多元成果時,你由30件成果中挑選5件上傳即可。

由上述說明,你可以瞭解一個系在甄選時,最多只能要求考生繳交6件課程學習成果及10件多元成果。因此你不須做滿18件學習成果及30件多元成果,只要集中心力做好最佳的6件學習成果及10件多元成果,即可滿足甄選書審資料的件數要求。

四技二專甄選的計分方式

當你通過統測第一階段篩選後,須瞭解第二階段甄選成績計算方式。其計算表列於下:

四技二專第二階段甄選總成績採計方式					
（一）		（二）			（三）
統一入學測驗成績加權		指定項目	佔總成績比率		證照或得獎加分
國文	×1～倍	學習歷程資料審查（備審）（項目見簡章）（必採）	％	≥40%	依優待加分標準加分
英文	×1～倍	專題實作及實習科目學習成果（含技能領域）（必採）	％		
數學	×1～倍	術科實作（各校自訂）	％		
專業一	×2～倍	筆試（各校自訂）	％		
專業二	×2～倍	面試（各校自訂）	％		

　　一般四技二專的科系，採計「學習歷程備審資料」會達20%至30%，甚至有些科系會高達40%。

　　由以上分析，想在第二階段甄選中可脫穎而出的同學，勢必不能輕忽「學習歷程備審資料」的「威力」。

　　另外，在C項的多元表現中，由C-1至C-8共有8項，但並非每一項均需準備，挑選合適自己狀況的資料繳交即可，不須給自己太大的壓力。

　　有些同學會覺得要繳交這麼多資料，實在相當麻煩，乾脆等登記分發結果就好了。

　　但是，你要想想有將近70%的同學是以甄選入學方式進入想讀的校系。一旦你放棄甄選機會，就只能坐等被分發至其他較不熱門的校系。這是否為明智的選擇，就只能留待你自行判斷了！

　　呂老師建議你不要輕易放棄統測後的甄選機會，畢竟這是進入四技二專的重要入學管道。

貼心小提醒

● 想甄選四技二專的同學千萬不要看到本節的書審資料要求就提早放棄甄選的機會。其實要繳交的資料中，修課紀錄是學校幫你上傳的，所以你不須費心；課程學習成果及多元表現是高中三年六個學期累積繳交的，其負擔是分散在六個學期裡，你也無須過度擔心。

● 要注意的是「學習歷程備審資料」，這是四技二專甄選中的高佔分比重項目。想甄選上好大學，你一定要提早努力準備！

1-8 108課綱要求高中同學當「全人」或「超人」？
──要瞭解招聯會「三重二不」的基本原則

Q：請問教授，108課綱大學入學申請要繳交這麼多資料，難道是要我當超人嗎？

Ans：108課綱大學書審是希望同學們在高中三年內逐年準備資料，也不會要求必須繳交每一項資料，所以你無須擔心是「超人」才做得到。

高中生確實很忙！

呂老師花了些時間訪談高中同學及高中老師，瞭解到在新課綱制度之下，高中同學確實相當辛苦，並沒有比從前的高中生輕鬆，因為現在如果同學想要考上理想的大學科系，他必須：

1. 努力考好段考
2. 努力考好學測或統測
3. 花時間補習（必要時）
4. 做好學習報告
5. 做好探究與實作報告
6. 做好自主學習報告
7. 要參加社團
8. 要獲得競賽獎狀
9. 要寫好小論文

10. 要參加檢定考試
11. 必要時要去當志工
12. 要參加大學營隊

全人、超人、神人？

　　呂老師看了許多高中同學的書審資料後，發現真的有同學堪稱十項全能，不僅學業成績棒、競賽表現優、社團活動強，而且學習報告精彩、自主學習充實，幾乎是樣樣擅長。我不禁讚嘆這樣的同學可說是「神人」等級，因為他的德、智、體、群各方面表現幾乎無懈可擊，我也相信他所申請的六個科系應該會「全壘打」，因為每個科系都會張開雙臂歡迎這麼優秀的學生。

教育單位的初衷及考量

　　不過各位同學可以放心及慶幸的是：像上述「神人」等級的學生畢竟是少數，不論是大學或四技二專各科系都還有許多名額提供給真正有實力、有興趣的同學就讀，只要夠認真、夠努力，錄取的機會還是很大。

　　學校教授除了會積極栽培資質優異的同學，對於每一位進入該系的學生也會一視同仁教導其學會應有的專業知識，故無需太過在意自己是否為表現最佳者。

　　招聯會及相關單位要求各大專院校在進行書審時，特別強調「三重二不」的原則。何謂「三重二不」的原則呢？

三重視

核心能力　　校內活動　　自主準備

二不要

所有資料　　以量取勝

　　當你瞭解招聯會的「三重二不」原則後，應可減輕準備書審資料所帶來的心理壓力，無需勉強自己當「神人」或「超人」！

　　所有老師、教授、家長都只希望你當「正常人」！

貼心小提醒

　　上述的「三重二不」是招聯會針對108課綱的最高指導原則，大專院校的教授們也是依照這些原則評量申請者的書類成績。

　　聰明的同學瞭解這「三重二不」原則後，就會妥適調整準備方向。呂老師給同學們的建議如下：

● 強化核心課程的學習能力
● 多參加校內學習活動
● 不必勉強參加校外活動
● 書審資料務必親力親為，要有真實性
● 不必勉強集點，多湊活動點數
● 不管何種報告，報告的品質比數量更重要

　　同學沒必要立志當「神人」，做一個努力上進學習的高中生即可！

第二章

如何收集及分析大學個人申請入學及四技二專甄選的必備書審資料？

2-1 我該從何時開始瞭解各科系要求哪些備審資料？
——建議你越早開始越好，請儘早開始收集資料

Q：請問教授，如果我想參加「大學申請入學」或「四技二專甄選」，我該從何時開始瞭解各校系要繳交哪些書審資料呢？

Ans：這個問題的標準答案是越早越好！

甚至在你考上高中的第一天起就可以開始準備。若你已是高二或高三同學，建議你最好從今天開始就著手準備！

一般的高中同學如何收集各科系要求之書審資料呢？

呂老師觀察一般的高中同學多半是這樣準備各科系書審資料的：

Case①

先考完學測或統測再說吧！→等收到學測或統測成績→做落點分析→預測可上哪些科系→再去收集書審資料→匆忙準備、匆忙上傳

按照上述流程，等收到學測或統測成績，先行預測自己可申請哪六個系，再著手研究那六個系分別要繳交哪些資料，接著匆匆忙忙準備，匆匆忙忙上傳，如此這般產出的書審資料絕對不夠精美完善，也無法吸引審查教授的特別注意，這對第二階段的甄試將會造成相當不利的影響。

聰明的高中同學會如何做呢？

最聰明的同學，不論是高一、高二或高三學生，在考學測或統測前，就會先行瞭解各科系要繳交哪些書審資料；在考完學測或統測後，再好整以暇地從容彙整書審資料。他們的聰明作法是：

Case②

學測或統測前先行收集有關書審資料的資訊→事先準備部份書審資料→參加學測或統測考試→經落點分析後，決定申請科系→補充書審資料→充足準備，從容上傳

有的人或許有疑問，每年各大專院校的招生簡章不是學測或統測前幾個月才公佈嗎？又如何事先收集書審資料呢？

其實一般而言，大部份科系要求的書審資料不會有大幅變動。即使新年度的招生簡章尚未公佈，你仍可參考上一年度的簡章，提前開始收集書審資料。

假如在學測或統測前什麼都沒做，我該如何是好？

假如你是高三同學，但之前完全沒有開始準備書審相關事宜，建議你一考完學測或統測就立即著手進行：

Case③

考完學測或統測後，立即預測自己可申請何系→開始瞭解該系需要何種書審資料→提前準備，提前撰寫書審資料→收到學測或統測成績後，調整申請校系→補充資料，強化書審內容→充分準備，從容上傳

　　這樣你將會比Case①的同學提早一、兩個月開始準備書審資料，並獲得如下的好處：

◆ 準備時間充裕

◆ 可分析各科系書審資料差異

◆ 可為特定科系準備精美資料

◆ 有時間完成特定科系必備資料（例如小論文）

◆ 有時間修改書審資料

◆ 有時間檢查書審資料的錯誤

　　請儘量保留充足的時間提早做準備。能提早準備的同學，才能繳交出內容充實且引人入勝的資料！

　　請千萬不要枯坐家裡痴等學測或統測成績單，這樣只會白白浪費了可以準備書審資料的黃金時間！

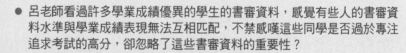

● 呂老師看過許多學業成績優異的學生的書審資料，感覺有些人的書審資料水準與學業成績表現無法互相匹配，不禁感嘆這些同學是否過於專注追求考試的高分，卻忽略了這些書審資料的重要性？

● 不論你的課業表現如何，都請認真看待這些書審資料，因為每一位審查教授都必須針對你的書審資料的優劣打分數。

● 即使你的學業成績再優異，如果書審資料中有太多留白或空缺，負責審查的教授們也著實很難閉眼替你打高分！

2-2 哪些書類資料會是大部份科系的必備審查資料？

——請提早準備「六大黃金必備書審資料」

 Q：請問教授，招聯會羅列的二十項書審資料，我全部都需要繳交嗎？

 Ans：不用全交喔！依照招聯會的「三重二不」原則，你不用全數繳交，只要繳交各科系規定的資料即可。

哪些書審資料會是共通必備資料？

各大學有不同的招生策略，各個科系也有不同的選才原則，所以會各自就書審資料訂定不同的條件與規定。

其實每一屆的招生簡章都是大同小異，所以不管你是高一、高二或高三同學，都可先行參考上一屆的各校系招生簡章，提前瞭解不同科系對審查資料的要求。

依照「大學申請入學參採高中學習歷程資料完整版查詢系統」https://www.cac.edu.tw/cacportal/jbcrc/LearningPortfolios_Multi Query_ppa/index.php，可瞭解111學年度全國參加「申請入學」的大專院校系所共有2001個系組。各系組要求的資料統計如下：

項次	審查資料	項目內容代碼對照	要求科系總數
1	修課紀錄	A.-1 修課紀錄	1720
		A.-2 學業總成績	1715
2	課程學習成果	B. 書面報告	1628
		C. 實作作品	833
		D. 自然科學領域探究與實作成果，或特殊類型班級之相關課程學習成果	617
		E. 社會領域探究活動成果，或特殊類型班級之相關課程學習成果	526
3	多元表現	F. 高中自主學習計畫與成果	1698
		G. 社團活動經驗	898
		H. 擔任幹部經驗	384
		I. 服務學習經驗	452
		J. 競賽表現	682
		K. 非修課紀錄之成果作品	404
		L. 檢定證照	550
		M. 特殊優良表現證明	967
		N. 多元表現綜整心得	幾乎必交
4	學習歷程自述	O. 高中學習歷程反思	1344
		P. 就讀動機	1759
		Q. 未來學習計畫與生涯規畫	1573

哪些是六大黃金必備書審資料？

數字會說話！經由上表分析，我們可以清楚得知哪些書審資料是必備且重要的。

雖然上述網站未對「多元表現綜整心得」進行統計，但依照大學申請入學規定，要上傳多元表現資料時，必須另行繳交一份「多元表現綜整心得」，代表該份資料也幾乎是各科系的必繳交項目。

因「修課紀錄」及「學業總成績」會由學校直接上傳至中央資料庫，所以高中同學無需特別準備這兩個項目。

除了上述兩項由學校自動上傳的資料外，我們把六大黃金必備書審資料列表如右：

六大黃金資料

書面報告

自主學習報告

六大黃金資料

多元表現綜整心得

高中學習歷程反思

就讀動機

未來學習計畫

六大黃金必備書審資料

	項目	項目內容	何時開始準備？	繳交時間
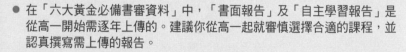	1.	書面報告	高一開始	高一、高二、高三各學年
	2.	自主學習報告	高一開始	高一、高二、高三各學年
	3.	多元表現綜整心得	因人而異	高三申請大學甄試前
	4.	高中學習歷程反思	因人而異	高三申請大學甄試前
	5.	就讀動機	因人而異	高三申請大學甄試前
	6.	未來學習計畫	因人而異	高三申請大學甄試前

　　這「六大黃金必備書審資料」其實有很高的機率就是決定你第二階段能否上榜的關鍵。

　　你可試著思考，不管你是申請國立或私立大學，是申請頂尖或非頂尖大學，只要是通過了某科系第一階段學測篩選的考生，彼此之間學測總級分的差距應是相當有限，甚至可能學測相同總級分的人比比皆是。在這種情況下，大學教授要如何從一群人中挑選出真正適合該系的學生呢？此時書審資料的重要性就不言而喻了！

貼心小提醒

- 在「六大黃金必備書審資料」中，「書面報告」及「自主學習報告」是從高一開始需逐年上傳的。建議你從高一起就審慎選擇合適的課程，並認真撰寫需上傳的報告。

- 在「六大黃金必備書審資料」中，「多元表現綜整心得」、「學習歷程反思」、「就讀動機」及「未來學習計畫」這四項，都是在大學甄試前要繳交的資料。有的同學從高一開始就早逐項準備，有的同學則是在甄試上傳資料截止日前才緊急臨時抱佛腳。準備時間的充足與否，自然會直接影響書審資料的品質。

- 「早起的鳥兒有蟲吃，晚起的鳥兒沒蟲吃。」在還有時間時，請儘量把握機會提早行動吧！

2-3 學測及統測成績真的就決定大學及四技二專甄選結果了嗎？

——書審資料會讓你的學測或統測成績「翻盤」！

Q：學長告訴我們，只要把學測或統測考好即可，其他暫時都先別管。這樣做真的是正確的嗎？

Ans：學長所言不一定正確喔！學測或統測成績確實決定了第一階段的甄試資格，然而一旦進入第二階段的甄試，學測或統測成績的影響力將大大降低。

學測成績的影響力

在「108課綱」開始施行後，各大專院校的第二階段甄試過程中，考生的學測成績最高僅能佔其第二階段甄試成績的百分之五十。

各校系可以依據其選才標準個別調整學測成績的比重，有的科系甚至會直接將學測成績的比重降至為零，也就是說這些科系在第二階段甄試完全不採計考生的學測成績，而是僅根據申請人的書審資料、筆試、口試成績來評估同學能否順利上榜。

這樣將造成以下的影響：

◆ 學測成績優異的同學未必保證能通過甄試

◆ 學測成績稍弱的同學大有翻盤的機會

◆ 第二階段甄試審查資料的重要性大幅提高

◆ 第二階段甄試的筆試及口試需小心應戰

◆ 如能在書審、口試或筆試中有優異表現，非前段高中的同學仍有很大的機會可以贏過前段高中同學而成功甄試上榜

　　《親子天下》雜誌曾有一篇報導：一位學測總分五十七級分的同學申請清大資工系及電資系，僅獲得備取資格；然而，另一位學測總分僅四十八級分的同學藉助於自己豐富的書審資料，最後如願甄試進入交大資工系。

　　由此可證，「翻盤」甄試結果的機會是確實存在的。

學測成績對於第二階段甄試的影響力在遞減

　　我們以111學年度台大不同科系申請入學第二階段甄試的採分標準，實際舉例給大家參考。

　　雖然你的理想志願未必是台大，但許多學校或科系的計分標準其實與台大相去不遠，你仍然可以參考以下內容，再進一步瞭解其他學校相近科系的要求。

Case Ⓐ 台大物理系

甄試計分方式：

甄試計分項目	學測成績	書審資料	數學筆試
佔分比例%	0%	45%	55%

　　因該系第二階段甄試完全不採計學測成績，故能在甄試中勝出者必須在書審成績及筆試成績均拿下高分。我們舉兩種狀況為例：A生書審85分，B生書審95分，而A、B兩人的筆試成績均是90分，依該系的計分方式其結果如下：

	書審成績	書審得分（A）	筆試成績	筆試得分（B）	綜合（A＋B）	甄試結果
A生	85	85×45%＝38.25	90	90×55%＝49.5	87.75	A生☹
B生	95	95×45%＝42.75	90	90×55%＝49.5	92.25	B生勝出☺

　　最後勝出者是書審成績高的B生。能通過第一階段甄試者，學測成績本來就在伯仲之間。如果A、B兩人筆試成績相同，A生書審85分，B生書審95分，則最後自然是由書審成績高的B生勝出。

CaseⒷ 台大會計系

甄試計分方式：

甄試計分項目	學測成績	書審資料	口試
佔分比例%	50%	25%	25%

　　該系要求國文、英文、數學A三科均需到達頂標。假設A生學測三科總分為39級分，B生則為37級分。兩人口試實力相當，皆獲得90分，但A生書審僅得80分，而B生得到90分。我們來檢視最後甄試總分有何差異：

	學測	學測分數*	學測得分（A）	書審成績	書審得分（B）	口試成績	口試得分（C）	總分（A+B+C）	甄試結果
A生	39級分	86.7	86.7×50%＝43.35	80	80×25%＝20	90	90×25%＝22.5	85.85	A生☹
B生	37級分	82.2	82.2×50%＝41.1	90	90×25%＝22.5	90	90×25%＝22.5	86.1	B生勝出☺

* 三科總分以45級分為100分。

　　原本A生的學測總級分高出B生兩級，但因A生書審成績低於B生，反而優劣互換，由B生從最後甄試中勝出！從以上範例可知，學測總級分高的同學不盡然保證「必勝」，學測總級分低的同學也不盡然保證「必輸」！

Case© 台大電機系

甄試計分方式：

甄試計分項目	學測成績	書審資料	筆試成績
佔分比例%	20%	50%	數學筆試15%，物理筆試15%

　　台大電機系要求英文、數學A、自然三科均要到達頂標。假設A、B兩人同時申請甄試該系，A生三科滿級分，三科共45級分，而B生略遜於A生，三科總級分僅達41級分。兩位考生參加數學及物理筆試都獲得90分。在書審時，A生得到85分，B生獲得90分。我們來檢視甄試最後總分的狀況：

	學測	學測分數*	學測得分 (A)	書審成績	書審得分 (B)	筆試兩科	筆試得分 (C)	總分 (A+B+C)	甄試結果
A生	45級分	100	100×20% =20	85	85×50% =42.5	90	90×30% =27	89.5	A生 ☹
B生	41級分	91.1	91.1×20% =18.22	90	90×50% =45	90	90×30% =27	90.22	B生 勝出☺

* 三科總分以45級分為100分

　　以上的分析結果可能會讓你感到非常驚訝！以常理判斷，學測能夠考到三科滿級分的同學都是龍中之龍、鳳中之鳳，想當然耳應該任何志

願科系皆能輕鬆上榜。然而，許多同學始料未及的是：當通過第一階段甄試後，假設該系不太注重學測成績，那麼你原有的學測滿分優勢將不復存在！而對競爭激烈的科系而言，最後總分差個零點幾分，可能你就會榜上無名。

台南女中教務主任胡瑞原老師在指導該校同學時，也認為當申請學校進入到第二階段後，因為已依學測分數篩選過一輪，彼此學測分數接近。再加上學測分數不能超過甄試成績50%，因此學測成績的級分差距影響有限。

前面也有提到在四技二專的第二階段甄選時，統測成績最多僅能佔甄試總分的40%，因此統測成績的影響力在第二階段也會大幅下降。

在一般大學，申請入學的學習歷程成績至少佔20%，在這個項目上即使僅差個5分，但對於競爭激烈的科系就會產生直接影響。更重要的是口試時許多教授會針對學習歷程檔案資料詢問，資料的內容也會影響口試分數，所以同學絕對不能輕忽學習歷程檔案的準備。

台南一中也表示，將會請國文科老師加強指導同學撰寫學習歷程檔案，因為這個檔案會直接影響第二階段篩選的成績。

我們回到這一節的標題：「學測及統測成績真的就決定大學及四技二專甄選結果了嗎？」

其答案為：不是的。

學測及統測成績僅決定第一階段篩選的結果，但到了第二階段甄試，學測及統測成績的影響力則大幅下降，書審成績將成為決定勝負的關鍵！

貼心小提醒

- 綜合以上分析，你可以瞭解在第二階段甄試中，如果你申請的科系規定學測分數佔甄試總分比例越低，你就越需認真準備書審資料及筆試／口試。

- 一旦你通過某科系的第一階段篩選，不論學測成績高低，你就應該將學測成績拋諸腦後，務必先仔細分析各科系的甄試要求，並據此調整應試策略。

- 學測成績優異的同學，絕不能自恃成績高人一等就馬馬虎虎準備書審資料。要切記「驕兵必敗」！

- 學測成績普通的同學，只要你通過某科系的第一階段篩選，其實等於大家都是站在同一起跑線上。如果你能用心準備第二階段的書審及口筆試，仍是大有機會可以贏過學測高你好幾級分的同學！

- 要就讀四技二專的同學，也會發現當考完統測，通過某科大的第一階段篩選後，其實統測成績也未必保證你一定能考上某校系。第二階段的書審及口筆試，仍會是決定勝負的關鍵。

2-4 我想認真準備備審資料，現在還來得及嗎？
——你知道頂尖大學及其他學校有多少科系的備審資料佔甄試總成績達40%以上？

 Q：請問教授，我是高三學生，剛考完學測／統測，現在開始準備書審資料還來得及嗎？

 Ans：這個問題的標準答案是：你務必要讓自己來得及！除非你自願放棄大學申請入學甄試或四技二專甄選的機會。

第二階段甄試書面審查資料的威力

在前一節中，我們以台大不同科系的審查規定為例，向大家說明：只要你肯努力，其實有頗高的機率可以「翻盤」甄試上榜。

每位同學的志願學校不同，或許有的人會認為上述只是台大的特例。

在本節中，我們依照111學年度大學申請入學的標準，彙整台灣大學、清華大學、陽明交大、成功大學、中央大學、政治大學、中原大學、元智大學八所大學中書審成績佔比超過百分之四十的科系，讓你更加瞭解書審資料的「威力」。

台灣大學

書面審查成績佔甄試比例	40%	45%	50%
科系	資工系、外文系、歷史系、社會系、昆蟲系	物理系	電機系、工科海洋系、生化科技系

清華大學

書面審查成績 佔甄試比例	40%	45%	50%
科系	動機系、生醫系、醫科系	化工系	電機系、資工系、材料系

陽明交通大學

書面審查成績 佔甄試比例	40%	45%	50%
科系	材料系、土木系、護理系、運輸物流系	電機系、電子物理系、工工系	資工系、傳播科技系

成功大學

書面審查成績 佔甄試比例	40%	45%	50%
科系	化工系、資工系、建築系	政治系	資源系、航太系、土木系

中央大學

書面審查成績 佔甄試比例	40%	50%	70%
科系	英美語文系	電機系	機械系、數學系、財金系、地科系、工學院學士班

政治大學

書面審查成績 佔甄試比例	40%	60%	80%
科系	社會系	傳播學院不分系（自然組）、傳播學院不分系（社會組）	政星招生甲組、政星招生乙組

中原大學

書面審查成績佔甄試比例	40%
科系	應數系、物理系、化學系、心理系、生科系、化工系、土木系、機械系、醫工系、環工系、工工系、電工系、資工系、電機系、企管系、國貿系、會計系、資管系、財金系、商管系、財經法律系、建築系、室內設計系、商業設計系、地景建築系、特殊教育系、應用外語系、應用華語系

元智大學

書面審查成績佔甄試比例	30%	50%
科系	化工系、資訊傳播系、應用外語系	電機系、電機學院英文班、資工系

第二階段甄試的書審重要性

　　由以上八所大學的統計資料，我們可以簡單整理如下：

◆ 大學書審成績佔甄試總成績比例一般為30%至35%，但有的科系會高達40%以上。

◆ 頂尖大學的電機系及資工系書審成績非常重要，會高達40%至50%。

◆ 中央大學的特殊科系書審成績高達70%，幾乎就是以書審決定「輸贏」。

◆ 政大的多數科系書審成績佔比為30%至35%，但是傳播學院不分系組高達60%，政星甲組及乙組甚至高達80%。

◆ 中原大學全校各系之書面審查成績均佔甄試成績之40%，可知該校對書審成績的重視程度。

◆ 元智大學的部份科系如電機系、資工系等的書審成績也佔甄試成績高
　　達50%。

　　以上分析顯示，重視「書審資料」成績的科系在各大專院校比比皆
是，你怎麼能輕忽「書審資料」的重要性呢？

貼心小提醒

- 請同學務必針對各校不同科系的審查成績佔比提早收集資料並進行分析。
- 書審成績在甄試總分中佔比高的科系，幾乎相當於「書審定成敗！」
- 對於書審成績佔分比例特高的科系，你更需要加強準備書審資料，好好把握大「翻盤」的機會！
- 對於書審成績佔分比重非特別高的科系，你也萬萬不可掉以輕心。倘若其他同學在書審項目上拿高分，而你卻表現平平，極可能會因此平白錯失甄試上榜的機會！

2-5 四技二專甄選時備審資料的準備很重要嗎？
—— 你知道台科大及北科大的備審資料佔甄試總成績多高的比例嗎？

Q：請問教授，我要考四技二專，書審資料的準備也很重要嗎？

Ans：是的，書審資料在大學甄試裡佔分比例很高。同樣地，書審資料在四技二專甄選裡也佔了很高的分數比例。

四技二專書審資料的威力

　　準備考四技二專的同學可上網找尋「四技二專甄選入學考生協助專區」，網址是：https://www.techadmi.edu.tw/help42，在該網站中可依學校或科系查詢，更重要的是可瞭解各科系考試方式及甄試計分比例。

　　呂老師依照111學年度台灣科技大學及台北科技大學招生規定，為想考四技二專的同學整理出以下兩張表格：

台灣科技大學

科系	學習歷程備審資料佔甄試成績比例
機械工程系	32%
營建工程系	35%
化學工程系	30%
材料科學與工程系	36%
電機工程系	32%
電子工程系	32%
資訊工程系	32%
企業管理系	40%
資訊管理系	36%
建築系	28%
設計系工業設計組	28%
設計系商業設計組	28%
應用外語系	30%

台北科技大學

科系	學習歷程備審資料佔甄試成績比例
機械工程系	20%
車輛工程系	25%
能源與冷凍空調工程系	20%
土木工程系	15%
化學工程與生物科技系	25%
分子科學與工程系	10%
材料及資源工程系材料組	32%
材料及資源工程系資源組	32%
電機工程系	28%
電子工程系	24%
資訊工程系	30%
光電工程系	15%
工業工程與管理系	30%
經營管理系	30%
資訊與財金管理系	30%
建築系	20%
工業設計系產品設計組	25%
工業設計系家具與室內設計組	25%
互動設計系媒體設計組	20%
互動設計系視覺傳達設計組	20%
應用英文系	20%
文化事業發展系	16%

書審資料之重要性

我們以上述兩所指標型科技大學為例，可瞭解：

◆ 台科大頗重視學習歷程備審資料，大部份的科系書審成績佔甄試成績三成以上，有的系如材料系高達35%，而企管系則高達40%。

◆ 北科大的學習歷程備審資料成績佔甄試成績比例依各系招生策略差異較大，整體而言，約佔兩成至三成左右。材料及資源工程系則佔達32%。

因台科大及北科大為科技大學中之指標大學。或許你將來未必甄試這兩所科大，但其他科大的類似科系採分標準均會參考這兩所大學所訂標準，所以你可以提早瞭解這兩所大學要求的書審資料，先行做好準備。

由這幾節的內容，相信你可以瞭解不管將來是要甄試大學或是四技二專，書審資料的「威力」及影響力是不言而喻的！

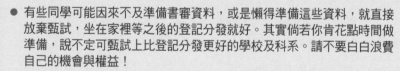

● 有些同學可能因來不及準備書審資料，或是懶得準備這些資料，就直接放棄甄試，坐在家裡等之後的登記分發就好。其實倘若你肯花點時間做準備，說不定可甄試上比登記分發更好的學校及科系。請不要白白浪費自己的機會與權益！

● 技術型高中的書審資料中有許多是與一般高中相同，須從高一、高二逐年上傳。所以請趁早準備相關資料，不要一切等考完統測再說，以免你因資料不足而喪失甄試的資格！

2-6 我已經考完學測／統測，還有機會在大學申請入學或四技二專甄選奮力一搏嗎？
——送給高中同學甄試的「三大獲勝法寶」

 Q：請問教授，我學測／統測考得不太理想，還有可能透過甄試一拼升上大學或四技二專嗎？

 Ans：無論你學測／統測考得好不好，都請不要輕言放棄。只要不放棄，人人都有甄試上大學的機會。

大學及四技二專甄試的上策、中策、下策

108課綱施行後，已有超過半數的同學是以申請入學方式進入大學，而有70%的同學是以甄選方式進入四技二專。

換言之，如果不能透過甄試管道錄取理想校系，想讀大學的同學將退而求其次挑戰錄取率更低的分科考試，面對更嚴酷的競爭。而想讀四技二專的同學就可能無法被分發到自己想讀的校系。

大學甄選入學委員會統計111學年度申請入學報名的總人數為8萬1350人，每位考生平均申請校系數為5.71個。而各大學釋出的招生名額有多少呢？共有5萬5810個。

在第二階段甄試放榜後，共有4萬3595人以第一志願序獲得分發，這相當於有超過50%的同學順利以第一志願甄試上榜，但也有將近一半的考生無法如願進入第一志願，必須轉而選擇其他志願或參加不得不參加的「分科考試」。

根據上述統計可知，只要好好準備，其實你甄試上榜的機率是相當高的。

那麼到底該從何時開始準備大學及四技二專甄試的書審資料呢？

呂老師提供上策、中策、下策三個不同策略供你參考。

◆ 上策：

越早開始準備書審資料越好，最好從升高一的第一天就開始準備。即使你在時間分配上沒有餘裕或感到力不從心，但起碼心裡要先認知這件事情很重要，有空閒時就先一丁一點開始安排規畫及收集資訊。

◆ 中策：

如果你的高一、高二兩年都是輕鬆度過，但所有書審資料仍一片空白，請你務必在一考完學測，收到成績單之前就先對答案，並進行落點分析，推估出有可能上榜的科系後，立即開始著手準備那些科系所需的書審資料。雖然時間上略嫌倉促，但仍有機會完成一份精美的書審資料。

◆ 下策：

一直等到收到學測或統測成績單之後才開始做落點分析，才開始研究各科系規定，才開始準備書審資料。這雖然是最不建議的策略，但確實有很多人是被動地等待收到學測或統測成績單才採取行動，而非先主動瞭解可能上榜校系的相關規定，導致收到學測或統測成績單後，能夠準備各式書審資料的時間被極度壓縮，連帶影響了書審資料的完整性及充實性。

高三同學大學入學申請的「三大致勝法寶」

　　如果你現在是高三學生，並且也考完了學測或統測，則無論是否已收到學測或統測成績單，請你依照目前的落點分析，針對可能申請的科系準備以下三項資料，呂老師將其稱為大學及四技二專甄試的「三大致勝法寶」。

　　不論你的學測或統測成績如何，不論你想進入頂尖大學或一般大學，這「三大致勝法寶」必能助你一臂之力。

三大法寶

課程學習成果

學習歷程反思

多元表現綜整心得

1　「第一法寶」：課程學習成果

可考慮重新整理「課程學習成果」，以PDF檔上傳。如果你先前都有認真上傳報告，可輕鬆從中挑選三件報告上傳。倘若你之前上傳的資料內容不夠充實，建議你以之前的報告為基礎，加以重新排版、增補資料、撰寫心得等，讓「課程學習成果」變得更精彩豐富。

或許有人會認為，自行上傳PDF檔是否會讓審查教授懷疑報告的真實性。然而相形之下，與其繳交一份乏善可陳的報告，還不如繳交一份認真撰寫的報告更能獲得審查教授的肯定與青睞。在報告中，你只要清楚說明課程名稱、授課老師、上課過程，並附上當時課堂中的筆記、實驗記錄、活動照片等，這些都足以佐證報告的真實性。

2　「第二法寶」：高中學習歷程反思

許多同學都忽略了這份反思報告的重要性。不管你過去在校成績是好是壞，若想讓審查教授對你留下深刻的印象，就必須用心撰寫這份反思報告。

在報告中，你需敘述自己在高中三年內學到什麼，擅長及不太擅長的科目是哪些，對於不擅長的項目應該如何尋求突破及進步，對哪些課程感到興趣，對哪些課程覺得有必要加強，以及檢討過去的學習方法是否正確等。

同學切勿輕忽這份反思報告的影響力。若只是隨便應付了事，將會嚴重拉低你的書審分數。

3　「第三法寶」：多元表現綜整心得

有的人高中生活過得多彩多姿，有的人則是乏善可陳，但是無論你的高中三年是如何度過，都必須認真撰寫這份心得報告。

從這份報告中，審查教授可以瞭解你在學科表現之外的潛力，用以判斷你是否適合就讀該科系。倘若你有很多競賽紀錄及活動表現，請你盡可能用文字及照片加以展現。倘若你真的欠缺各式競賽及活動的紀錄，也請你根據平時的個人興趣、休閒活動、聚會狀況、社團活動等，從中找出自己在學科成績之外的優點長處或是未來發展潛能，好讓審查教授認為你是適合該科系的潛在「可造之材」。

同學切勿輕言放棄或敷衍了事。只要你認真撰寫這份多元表現綜整心得報告，並能寫得比其他競爭者更精彩時，你就有機會脫穎勝出！

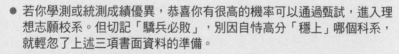

貼心小提醒

- 若你學測或統測成績優異，恭喜你有很高的機率可以通過甄試，進入理想志願校系。但切記「驕兵必敗」，別因自恃高分「穩上」哪個科系，就輕忽了上述三項書面資料的準備。

- 請記得：雖然你的學測或統測級分很高，但是通過該系第一階段篩選的競爭者每個人的學測或統測成績都在伯仲之間，你並沒有比別人佔優勢！

- 倘若你的學測或統測成績平平或較不理想，也不用灰心喪志，請立即著手認真準備上述三項書面資料。只要好好撰寫「三大致勝法寶」的報告，它們將會成為助你通過甄試、反敗為勝的「得分三寶」！

- 請謹記：太多同學都低估了書審資料的重要性而未盡力撰寫。只要你的書審分數能贏過該系錄取邊緣的最後幾名競爭者，你就大有可能成為金榜題名的勝利者！

2-7 台大各科系甄試到底會要求審核哪些資料呢？

—— 如果你想甄試台大，請儘早瞭解各系規定的審查資料

Q：請問教授，我有考慮推甄台大，但怎麼知道各科系要求哪些資料呢？

Ans：台大教務處很貼心喔！各科系的審查標準及書審資料都有公告在網站上，你有空上網查閱即可。

哪裡可以查詢各校的審查資料規定呢？

　　無論你目前是高一、高二或高三學生，當你讀了呂老師前述章節的內容，想提前開始準備各校系要求的書審資料時，你第一個浮現的問題很可能是：我該如何查詢各校的審查資料規定呢？

　　在回答這個問題前，首先說明各校的書審資料規定或多或少會逐年變動，但其實變動幅度不大，先行參考前一年度已公告的資訊即可。

　　每年在年底左右，各校系會公告次一學年度的甄試書審要求，你再比對前後兩個年度書審資料有何差異即可。如此一來，你就可以提前把握時間，根據之前已經公告的書審規定儘早做好準備。

　　在大學招生委員會的「大學申請入學參採高中學習歷程資料完整版查詢系統」中（網址：https://www.cac.edu.tw/cacportal/jbcrc/LearningPortfolios_MultiQuery_ppa/index.php），你可點選想查詢的學校及科系，瞭解各校系要求繳交哪些書面資料。

　　假設你想查詢台大各科系的書審要求，你可在電腦上鍵入「申請入學書面資料準備指引——國立臺灣大學教務處」（網址：https://www.aca.ntu.edu.tw/w/aca/A02_22032809050457060）進行查詢，即可瞭解台大各科系對書審的相關規定。

　　或許你的志願學校未必是台大，但是一般而言，只要是類似的科系，其他大學多會參考台大的書審要求。即便你之後不一定推甄台大，但是先瞭解台大該科系對書審的要求條件，對於申請其他大學的相關科系亦會有所助益。

　　呂老師將111學年度台大各學院不同科系要求的書審資料整理於下，供各位同學做為參考。

111學年度台大文學院各科系書面審查資料彙整表

審查資料	項目代碼	項目內容	中文系	外文系	歷史系	哲學系	人類學系	圖書資訊系	日語系	戲劇系
1. 修課紀錄	A	修課紀錄	√	√	√	√	√	√	√	√
2. 課程學習成果	B	書面報告	√	√	√		√	√	√	
	C	實作作品	√				√	√		
	D	自然科學領域探究與實作成果				√				
	E	社會領域探究活動成果		√	√	√	√	√	√	
3. 多元表現	F	自主學習計畫與成果	√		√	√	√	√	√	
	G	社團活動經驗								
	H	幹部經驗								
	I	服務學習經驗					√	√		
	J	競賽表現	√							√
	K	非修課之成果作品	√				√		√	√
	L	檢定證照		√						
	M	特殊優良表現證明		√			√			√
	N	多元表現綜整心得	√	√	√	√	√			
4. 學習歷程自述	O	高中學習歷程反思	√	√	√	√	√	√		√
	P	就讀動機	√	√	√	√		√		√
	Q	未來學習計畫與生涯規畫	√	√	√	√		√		√
5. 其他	R	各系自行規定		英文作文				個人資料表	有利審查資料	
	S	各系自行規定						有利審查資料		
	T	各系自行規定						推薦信		

111學年度台大理學院各科系書面審查資料彙整表

審查資料	項目代碼	項目內容	數學系	物理系	化學系	地質系	心理系	地理環資系	大氣系
1. 修課紀錄	A	修課紀錄	√	√	√	√	√	√	√
2. 課程學習成果	B	書面報告				√	√	√	√
	C	實作作品					√	√	√
	D	自然科學領域探究與實作成果	√	√	√	√		√	
	E	社會領域探究活動成果						√	
3. 多元表現	F	自主學習計畫與成果		√	√	√	√	√	
	G	社團活動經驗				√			
	H	幹部經驗							
	I	服務學習經驗							
	J	競賽表現	√			√		√	√
	K	非修課之成果作品						√	
	L	檢定證照							√
	M	特殊優良表現證明	√	√		√			
	N	多元表現綜整心得	√	√	√	√	√		
4. 學習歷程自述	O	高中學習歷程反思	√		√	√	√	√	
	P	就讀動機	√			√		√	
	Q	未來學習計畫與生涯規畫		√		√	√	√	
5. 其他	R	各系自行規定	完整高中數學能力		推薦信			有利審查資料	
	S	各系自行規定	數學思考訓練						
	T	各系自行規定							

111學年度台大社科學院各科系書面審查資料彙整表

審查資料	項目代碼	項目內容	政治理論組政治系	國際關係組政治系	公共行政組政治系	A組經濟系	B組經濟系	C組經濟系	社會系	社工系
1. 修課紀錄	A	修課紀錄	√	√	√	√	√	√	√	√
2. 課程學習成果	B	書面報告	√	√	√	√	√	√	√	√
	C	實作作品				√	√	√		
	D	自然科學領域探究與實作成果				√	√	√		
	E	社會領域探究活動成果	√	√	√	√	√	√	√	√
3. 多元表現	F	自主學習計畫與成果	√	√	√	√	√	√	√	
	G	社團活動經驗							√	√
	H	幹部經驗								
	I	服務學習經驗								√
	J	競賽表現	√	√	√	√	√	√		
	K	非修課之成果作品								
	L	檢定證照	√	√		√	√	√	√	
	M	特殊優良表現證明	√	√		√	√	√		√
	N	多元表現綜整心得	√	√	√	√	√	√	√	
4. 學習歷程自述	O	高中學習歷程反思	√	√	√	√	√	√	√	√
	P	就讀動機	√	√	√	√	√	√	√	√
	Q	未來學習計畫與生涯規畫	√	√	√	√	√	√	√	√
5. 其他	R	各系自行規定				個人資料表	個人資料表	個人資料表		
	S	各系自行規定								
	T	各系自行規定								

111學年度台大醫學院各科系書面審查資料彙整表

審查資料	項目代碼	項目內容	醫學系	牙醫系	藥學系	醫檢系	護理系	物理治療系	職能治療系
1. 修課紀錄	A	修課紀錄	√	√	√	√	√	√	√
2. 課程學習成果	B	書面報告		√		√		√	√
	C	實作作品		√				√	√
	D	自然科學領域探究與實作成果	√	√			√		
	E	社會領域探究活動成果						√	
3. 多元表現	F	自主學習計畫與成果	√	√	√	√	√	√	
	G	社團活動經驗							√
	H	幹部經驗			√				
	I	服務學習經驗	√		√			√	
	J	競賽表現						√	
	K	非修課之成果作品		√					
	L	檢定證照	√				√		
	M	特殊優良表現證明	√	√	√		√		√
	N	多元表現綜整心得	√	√	√	√	√	√	√
4. 學習歷程自述	O	高中學習歷程反思	√	√				√	
	P	就讀動機	√	√	√	√	√	√	√
	Q	未來學習計畫與生涯規畫	√	√	√	√	√	√	
5. 其他	R	各系自行規定			自傳	對未來醫檢了解		個人資料表	有利審查資料
	S	各系自行規定				對未來生物科技了解		自傳	
	T	各系自行規定						小論文	

111學年度台大工學院各科系書面審查資料彙整表

審查資料	項目代碼	項目內容	化工系	機械系	土木系	工科海洋系	材料系	醫工系
1. 修課紀錄	A	修課紀錄	√	√	√	√	√	√
2. 課程學習成果	B	書面報告	√	√	√	√	√	√
	C	實作作品						
	D	自然科學領域探究與實作成果	√	√	√	√	√	√
	E	社會領域探究活動成果						
3. 多元表現	F	自主學習計畫與成果	√		√	√	√	√
	G	社團活動經驗		√				
	H	幹部經驗		√				
	I	服務學習經驗					√	
	J	競賽表現			√	√		√
	K	非修課之成果作品						
	L	檢定證照		√	√			
	M	特殊優良表現證明	√	√	√	√	√	√
	N	多元表現綜整心得	√	√	√	√	√	√
4. 學習歷程自述	O	高中學習歷程反思	√		√	√	√	√
	P	就讀動機	√	√	√	√	√	√
	Q	未來學習計畫與生涯規畫	√		√	√	√	√
5. 其他	R	各系自行規定						
	S	各系自行規定						
	T	各系自行規定						

111學年度台大生農學院各科系書面審查資料彙整表

審查資料	項目代碼	項目內容	農藝系	生物環工系	農化系	森林系	動物科技系	農經系	園藝系	獸醫系
1. 修課紀錄	A	修課紀錄	√	√	√	√	√	√	√	√
2. 課程學習成果	B	書面報告		√	√	√	√	√	√	√
	C	實作作品					√	√	√	√
	D	自然科學領域探究與實作成果	√	√	√	√	√	√	√	√
	E	社會領域探究活動成果				√		√		√
3. 多元表現	F	自主學習計畫與成果	√	√	√	√	√	√	√	
	G	社團活動經驗	√		√					√
	H	幹部經驗	√							
	I	服務學習經驗								√
	J	競賽表現				√	√	√	√	
	K	非修課之成果作品			√		√	√	√	
	L	檢定證照	√	√						
	M	特殊優良表現證明		√		√		√		√
	N	多元表現綜整心得	√	√	√	√	√	√		√
4. 學習歷程自述	O	高中學習歷程反思		√		√		√		
	P	就讀動機	√		√		√	√	√	√
	Q	未來學習計畫與生涯規畫	√	√	√	√	√	√	√	√
5. 其他	R	各系自行規定				對森林之認識		個人資料表		獸醫學習證明
	S	各系自行規定								獸醫實習心得
	T	各系自行規定								

111學年度台大生農學院各科系書面審查資料彙整表

審查資料	項目代碼	項目內容	生物產業系	生物機電系	昆蟲系	植病系
1. 修課紀錄	A	修課紀錄	√	√	√	√
2. 課程學習成果	B	書面報告	√	√	√	√
	C	實作作品				
	D	自然科學領域探究與實作成果		√	√	√
	E	社會領域探究活動成果	√			
3. 多元表現	F	自主學習計畫與成果	√	√	√	√
	G	社團活動經驗				
	H	幹部經驗				
	I	服務學習經驗	√			
	J	競賽表現				√
	K	非修課之成果作品			√	√
	L	檢定證照				
	M	特殊優良表現證明		√	√	√
	N	多元表現綜整心得	√	√	√	√
4. 學習歷程自述	O	高中學習歷程反思		√	√	
	P	就讀動機	√	√	√	√
	Q	未來學習計畫與生涯規畫	√	√	√	√
5. 其他	R	各系自行規定				
	S	各系自行規定				
	T	各系自行規定				

111學年度台大管理學院各科系書面審查資料彙整表

審查資料	項目代碼	項目內容	企管組工管系	科管組工管系	會計系	財金系	國企系	資管系
1. 修課紀錄	A	修課紀錄	√	√	√	√	√	√
2. 課程學習成果	B	書面報告	√	√	√	√	√	√
	C	實作作品						
	D	自然科學領域探究與實作成果						
	E	社會領域探究活動成果						
3. 多元表現	F	自主學習計畫與成果	√	√	√	√	√	√
	G	社團活動經驗	√	√	√	√	√	
	H	幹部經驗			√			
	I	服務學習經驗						
	J	競賽表現	√	√			√	√
	K	非修課之成果作品						
	L	檢定證照					√	
	M	特殊優良表現證明	√	√				√
	N	多元表現綜整心得	√	√	√	√	√	√
4. 學習歷程自述	O	高中學習歷程反思	√	√	√	√		√
	P	就讀動機	√	√	√	√		√
	Q	未來學習計畫與生涯規畫	√	√	√	√	√	√
5. 其他	R	各系自行規定	個人資料表	個人資料表	個人資料表	個人資料表	個人資料表	個人資料表
	S	各系自行規定			有利審查資料	有利審查資料	有利審查資料	自傳
	T	各系自行規定						有利審查資料

111學年度台大公衛學院各科系書面審查資料彙整表

審查資料	項目代碼	項目內容	公衛系
1. 修課紀錄	A	修課紀錄	√
2. 課程學習成果	B	書面報告	√
	C	實作作品	√
	D	自然科學領域探究與實作成果	√
	E	社會領域探究活動成果	√
3. 多元表現	F	自主學習計畫與成果	
	G	社團活動經驗	
	H	幹部經驗	
	I	服務學習經驗	
	J	競賽表現	
	K	非修課之成果作品	
	L	檢定證照	
	M	特殊優良表現證明	√
	N	多元表現綜整心得	√
4. 學習歷程自述	O	高中學習歷程反思	
	P	就讀動機	√
	Q	未來學習計畫與生涯規畫	√
5. 其他	R	各系自行規定	
	S	各系自行規定	
	T	各系自行規定	

111學年度台大電資學院各科系書面審查資料彙整表

審查 資料	項目 代碼	項目內容	電機系	資工系	（APCS組） 資工系
1. 修課 紀錄	A	修課紀錄	√	√	√
2. 課程 學習 成果	B	書面報告	√	√	√
	C	實作作品		√	√
	D	自然科學領域探究與實作 成果	√	√	√
	E	社會領域探究活動成果			
3. 多元 表現	F	自主學習計畫與成果			√
	G	社團活動經驗			
	H	幹部經驗			
	I	服務學習經驗			
	J	競賽表現			√
	K	非修課之成果作品			
	L	檢定證照			
	M	特殊優良表現證明		√	√
	N	多元表現綜整心得		√	√
4. 學習 歷程 自述	O	高中學習歷程反思			
	P	就讀動機	√	√	√
	Q	未來學習計畫與生涯規畫	√	√	√
5. 其他	R	各系自行規定	個人資料表	個人資料表	個人資料表
	S	各系自行規定	自傳	自傳	自傳
	T	各系自行規定	有利 審查資料	有利 審查資料	有利 審查資料

111學年度台大法學院各科系書面審查資料彙整表

審查資料	項目代碼	項目內容	法學組法律系	司法組法律系	財經法學組法律系
1. 修課紀錄	A	修課紀錄	√	√	√
2. 課程學習成果	B	書面報告	√	√	√
	C	實作作品	√	√	√
	D	自然科學領域探究與實作成果			
	E	社會領域探究活動成果			
3. 多元表現	F	自主學習計畫與成果	√	√	√
	G	社團活動經驗			
	H	幹部經驗			
	I	服務學習經驗			
	J	競賽表現			
	K	非修課之成果作品			
	L	檢定證照			
	M	特殊優良表現證明	√	√	√
	N	多元表現綜整心得	√	√	√
4. 學習歷程自述	O	高中學習歷程反思	√	√	√
	P	就讀動機	√	√	√
	Q	未來學習計畫與生涯規畫	√	√	√
5. 其他	R	各系自行規定	自傳	自傳	自傳
	S	各系自行規定			
	T	各系自行規定			

111學年度台大生科學院各科系書面審查資料彙整表

審查資料	項目代碼	項目內容	生科系	生化科技系
1. 修課紀錄	A	修課紀錄	√	√
2. 課程學習成果	B	書面報告	√	√
	C	實作作品	√	
	D	自然科學領域探究與實作成果	√	√
	E	社會領域探究活動成果		
3. 多元表現	F	自主學習計畫與成果		√
	G	社團活動經驗		
	H	幹部經驗		
	I	服務學習經驗	√	√
	J	競賽表現		
	K	非修課之成果作品		
	L	檢定證照		√
	M	特殊優良表現證明	√	√
	N	多元表現綜整心得	√	√
4. 學習歷程自述	O	高中學習歷程反思	√	√
	P	就讀動機	√	√
	Q	未來學習計畫與生涯規畫	√	√
5. 其他	R	各系自行規定		小論文
	S	各系自行規定		
	T	各系自行規定		

111學年度台大學位學程書面審查資料彙整表

審查資料	項目代碼	項目內容	國際體育學程
1. 修課紀錄	A	修課紀錄	√
2. 課程學習成果	B	書面報告	√
	C	實作作品	
	D	自然科學領域探究與實作成果	
	E	社會領域探究活動成果	
3. 多元表現	F	自主學習計畫與成果	√
	G	社團活動經驗	
	H	幹部經驗	
	I	服務學習經驗	
	J	競賽表現	√
	K	非修課之成果作品	
	L	檢定證照	√
	M	特殊優良表現證明	√
	N	多元表現綜整心得	√
4. 學習歷程自述	O	高中學習歷程反思	
	P	就讀動機	
	Q	未來學習計畫與生涯規畫	√
5. 其他	R	各系自行規定	最優運動自述
	S	各系自行規定	運動成果
	T	各系自行規定	

111學年度台大希望組書面審查資料彙整表

審查資料	項目代碼	項目內容	甲組（文法組）希望組	乙組（政經地理）希望組	丙組（理）希望組	丁組（生醫）希望組	戊組（工電資）希望組	己組（商管）希望組	庚組（生農）希望組	辛組（醫牙）希望組
1. 修課紀錄	A	修課紀錄	✓	✓	✓	✓	✓	✓	✓	✓
2. 課程學習成果	B	書面報告								✓
	C	實作作品	✓	✓	✓	✓	✓	✓	✓	✓
	D	自然科學領域探究與實作成果		✓	✓	✓	✓	✓	✓	✓
	E	社會領域探究活動成果	✓					✓		
3. 多元表現	F	自主學習計畫與成果								
	G	社團活動經驗								
	H	幹部經驗								
	I	服務學習經驗	✓	✓	✓	✓	✓	✓	✓	✓
	J	競賽表現								
	K	非修課之成果作品	✓	✓	✓	✓	✓	✓	✓	✓
	L	檢定證照	✓	✓	✓	✓	✓	✓	✓	✓
	M	特殊優良表現證明	✓	✓	✓	✓	✓	✓	✓	✓
	N	多元表現綜整心得	✓	✓	✓	✓	✓	✓	✓	✓
4. 學習歷程自述	O	高中學習歷程反思	✓	✓	✓	✓	✓	✓	✓	✓
	P	就讀動機	✓	✓	✓	✓	✓	✓	✓	✓
	Q	未來學習計畫與生涯規畫	✓	✓	✓	✓	✓	✓	✓	✓
5. 其他	R	各系自行規定	報名資格文件	報名資格文件	報名資格文件	報名資格文件	報名資格文件	報名資格文件	報名資格文件	報名資格文件
	S	各系自行規定	有利審查資料	有利審查資料	有利審查資料	有利審查資料	有利審查資料	個人資料表	有利審查資料	有利審查資料
	T	各系自行規定						有利審查資料		

台大各科系要求的書審資料

在台大不同學院的各科系中，多數會要求同學繳交我們先前提到的「六大黃金必備書審資料」：

1. 書面報告

2. 自主學習報告

3. 多元表現綜整心得

4. 高中學習歷程反思

5. 就讀動機

6. 未來學習計畫

除此之外，你會發現部份科系要求考生繳交：

A. 競賽表現

B. 特殊優良表現證明

前者指的是參加個人或團體競賽的成績或名次證明，後者則為參加社團活動、校際活動、公益活動、社區服務等的優良事績證明。

「六大黃金必備書審資料」再加上「競賽表現」及「特殊優良表現證明」，統稱為「六加二的必備條件」。要將這些資料準備齊全，絕非一蹴可幾，也不是等接到學測成績單之後，能夠在短時間內倉促統整完成的。

能夠儘早開始準備，越能從容不迫、思慮周詳地製作出最完整精美、內容最充實的書面資料，以博得審查教授的青睞。

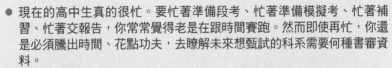

● 現在的高中生真的很忙。要忙著準備段考、忙著準備模擬考、忙著補習、忙著交報告，你常常覺得老是在跟時間賽跑。然而即使再忙，你還是必須騰出時間、花點功夫，去瞭解未來想甄試的科系需要何種書審資料。

● 每個人都有選擇的自由，也並非每個人都想甄試上台大。不過，台大各科系要求的書審資料其實具有相當程度的指標性及參考價值，因為其他大學的類似科系多半會參考台大的規定，再另行訂定個別要求。

● 建議你可以先行按照台大的書審要求提早準備。等學測成績公佈後，再將已備妥的資料寄送至各校即可，如此方能有充裕的時間做最好的準備。

2-8 我要去哪裡查四技二專甄選的備審資料？

——你知道台科大及北科大甄選要繳交哪些備審資料呢？

Q：請問教授，我想參加四技二專甄選，但要去哪裡查資料呢？

Ans：別擔心！呂老師在這一節裡會教你查資料的方法。

我要去哪裡查四技二專的甄選規定及所需資料？

　　不管你是高一、高二或高三同學，當你起心動念開始想查四技二專的甄選資料時，恭喜你終於邁開了第一步！

　　心動不如行動，請你Google查詢「四技二專各入學管道學習準備建議方向」，或打網址：https://www.techadmi.edu.tw，可找到當年度四技二專的入學管道學習準備建議方向，再依你有興趣的學校及科系逐步查詢，就可瞭解該系甄選時需繳交哪些資料。

　　呂老師整理了111學年度台灣科技大學及台北科系大學第二階段甄選所需繳交的書審資料如下表供你參考：

台灣科技大學四技二專甄選入學書審資料表(1)

審查資料	項目代碼	項目內容	機械系	營運系	化工系	材料系	電機系	電子工程系	資工系
1. 修課紀錄	A	修課紀錄	√	√	√	√	√	√	√
2. 課程學習成果	B-1	專題實作及實習科目學習成果	√	√	√	√	√	√	√
	B-2	其他課程學習成果	√	√	√	√	√	√	√
3. 多元表現	C-1	彈性學習時間學習成果			√	√	√	√	
	C-2	社團活動經驗		√	√	√	√	√	√
	C-3	擔任幹部經驗		√	√	√	√	√	
	C-4	服務學習經驗				√	√	√	
	C-5	競賽表現	√	√	√	√	√	√	√
	C-6	非修課之成果		√	√	√	√	√	
	C-7	檢定證照	√		√	√	√	√	
	C-8	特殊優良表現證明	√	√	√	√	√	√	
4. 自行撰寫及上傳資料	D-1	多元表現綜整心得							
	D-2	學習歷程自述	√	√	√	√	√	√	√
	D-3	其他有利審查資料	√			√			√
5. 其他		自我推薦摘要表	√	√	√	√	√	√	√
		課程學習成果及貢獻度表	√	√	√	√	√	√	√

台灣科技大學四技二專甄選入學書審資料表(2)

審查資料	項目代碼	項目內容	企管系	資管系	建築系	設計系工程組	設計系商設組	應用外語系
1. 修課紀錄	A	修課紀錄	√	√	√	√	√	√
2. 課程學習成果	B-1	專題實作及實習科目學習成果	√	√	√	√	√	√
	B-2	其他課程學習成果		√	√	√	√	√
3. 多元表現	C-1	彈性學習時間學習成果		√	√			√
	C-2	社團活動經驗	√	√	√			√
	C-3	擔任幹部經驗	√	√	√	√	√	
	C-4	服務學習經驗	√	√	√	√	√	
	C-5	競賽表現		√	√	√	√	√
	C-6	非修課之成果		√	√	√	√	
	C-7	檢定證照		√	√	√	√	
	C-8	特殊優良表現證明	√	√	√	√	√	√
4. 自行撰寫及上傳資料	D-1	多元表現綜整心得						
	D-2	學習歷程自述	√	√	√		√	√
	D-3	其他有利審查資料				√	√	
5. 其他		自我推薦摘要表	√	√	√	√	√	√
		課程學習成果及貢獻度表	√	√	√	√	√	√

台北科技大學四技二專甄選入學書審資料表(1)

審查資料	項目代碼	項目內容	機械系	車輛工程系	能源冷凍空調系	土木系	化工系	分子工程系	材料資源系材料組
1. 修課紀錄	A	修課紀錄	√	√	√	√	√	√	√
2. 課程學習成果	B-1	專題實作及實習科目學習成果	√	√	√	√	√	√	√
	B-2	其他課程學習成果	√	√	√	√	√	√	√
3. 多元表現	C-1	彈性學習時間學習成果	√		√		√	√	
	C-2	社團活動經驗		√			√	√	
	C-3	擔任幹部經驗		√	√	√			√
	C-4	服務學習經驗		√		√			√
	C-5	競賽表現	√	√		√	√		√
	C-6	非修課之成果						√	
	C-7	檢定證照	√	√		√	√		
	C-8	特殊優良表現證明	√		√	√	√		
4. 自行撰寫及上傳資料	D-1	多元表現綜整心得							
	D-2	學習歷程自述	√	√	√	√	√		√
	D-3	其他有利審查資料	√	√	√	√	√	√	√
5. 其他								自傳	

台北科技大學四技二專甄選入學書審資料表(2)　

審查資料	項目代碼	項目內容	材料資源系資源組	電機系	電子工程系	資工系	興電系	工業工程系	經營管理系
1. 修課紀錄	A	修課紀錄	√	√	√	√	√	√	√
2. 課程學習成果	B-1	專題實作及實習科目學習成果	√	√	√	√	√	√	√
	B-2	其他課程學習成果	√		√				
3. 多元表現	C-1	彈性學習時間學習成果			√				√
	C-2	社團活動經驗	√						
	C-3	擔任幹部經驗	√	√		√			
	C-4	服務學習經驗	√	√		√			
	C-5	競賽表現	√	√	√	√	√	√	
	C-6	非修課之成果			√				
	C-7	檢定證照		√	√	√			
	C-8	特殊優良表現證明		√	√	√	√	√	√
4. 自行撰寫及上傳資料	D-1	多元表現綜整心得							
	D-2	學習歷程自述	√	√	√	√	√	√	√
	D-3	其他有利審查資料	√	√	√	√	√	√	√
5. 其他			自傳						

台北科技大學四技二專甄選入學書審資料表(3)

審查資料	項目代碼	項目內容	資訊及財金系	建築系	工設系產品組	工設系室內設計組	互動設計系媒體設計組	互動設計系視覺設計組	應用英文系	文化發展系
1. 修課紀錄	A	修課紀錄	√	√	√	√	√	√	√	√
2. 課程學習成果	B-1	專題實作及實習科目學習成果	√	√	√	√	√	√		√
	B-2	其他課程學習成果			√	√	√	√	√	√
3. 多元表現	C-1	彈性學習時間學習成果			√	√			√	√
	C-2	社團活動經驗							√	√
	C-3	擔任幹部經驗							√	√
	C-4	服務學習經驗							√	√
	C-5	競賽表現			√	√	√	√		
	C-6	非修課之成果			√	√	√	√		
	C-7	檢定證照		√	√	√	√		√	
	C-8	特殊優良表現證明	√	√	√	√	√	√	√	
4. 自行撰寫及上傳資料	D-1	多元表現綜整心得								
	D-2	學習歷程自述	√	√	√	√	√	√	√	
	D-3	其他有利審查資料	√	√	√	√	√	√	√	
5. 其他										

台科大及北科大要求書審的特色

　　當你第一次看到台科大及北科大的書審資料規定，很可能會覺得眼花撩亂，但若你再仔細分析兩校之要求後，會有以下的發現：

◆ 似乎台科大要求的書審資料比北科大多，所以若你的志願學校是台科大，需花更多時間準備書審資料。

◆ 台科大在多元表現類別中，大部份科系均要求同學繳交C-5競賽表現、C-7檢定證照及C-8特殊優良表現證明，這三項幾乎成為報考台科大的必備資料，請務必提早準備。

◆ 台科大所有的系都會要求報考同學繳交自我推薦摘要表及課程學習成果及貢獻度表，也請提前準備相關資料。

◆ 北科大有些科系要求考生繳交的資料較少，對於來不及準備的同學，或許是可列為候選的科系之一。

　　由上述兩節內容，你可發現不管是要考大學或四技二專，若是希望經由甄試管道被錄取，書類資料的準備是不可或缺的必經過程。請儘量提早準備，才能繳出一份漂亮的書審資料！

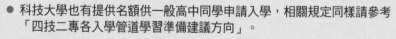

貼心小提醒

● 科技大學也有提供名額供一般高中同學申請入學，相關規定同樣請參考「四技二專各入學管道學習準備建議方向」。

● 即使有些校系勾選多元表現的C-1至C-8所有八個項目，但是你盡你的能力繳交即可，未必須全部繳交。若你有某些特殊得分「亮點」，審查教授未必會在意你是否全數交了所有資料。

2-9 我應該如何提早為「課程學習成果報告」做好準備？

—— 建議你做「三加一」份的課程學習成果報告，以備不時之需

 Q：請問教授，我現在正就讀高一、高二，該開始為未來甄試需要的課程學習成果報告做準備了嗎？

 Ans：雖然距離你真正要參加大學或四技二專甄試可能還有一段時間，但建議最好趁時間充裕的現在，越早開始準備越好。

神人級的書審資料

　　呂老師在審查考生的書面資料時，親眼見識到許多人繳交了近乎「神人級」的書審資料。這些同學不僅在校課業成績名列前茅，還在各項競賽中具有優異表現，課程學習成果報告也寫得豐富翔實，又熱心參與社團活動，並積極修習多項自主學習課程，多元表現著實精彩，學習反思又寫得誠懇感人，就讀動機及學習計畫也是撰寫得內容充實、條理清晰。

　　我看到這類資料的當下，不禁讚嘆這些優秀的同學三年來應該是多麼用心準備及把握每一個學習機會。要完成這麼多樣化且內容豐富的資料，絕非是考完學測之後的短時間內一蹴可幾的。

　　「神人級」的同學畢竟是少數，但倘若你想考上頂尖大學的理想科系或贏過學測或統測級分相近的同學，你不必立志當「神人」，只需從高二、甚至高一開始做好以下準備，待大學或四技二專甄試放榜那天，你將獲得努力過後的豐碩回報。

給高一、高二同學的建議

為了幫助你在參加大學或四技二專甄試前能完成高品質的書審資料，建議你可以開始這樣準備：

1　請優先選擇容易撰寫出一份充實學習成果報告的課程

請在選課時，不光只考慮自己的興趣，還要評估該課程是否容易產出一份內容豐富的報告。請先去向老師或學長請教該如何選課。一般而言，低年級的「探究與實作」是最容易產出學習成果報告的課程。

普通高中的同學可選擇帶有實驗的「探究與實作」、「獨立研究」、「選修化學」、「選修物理」、「選修生物」等課程，在課堂中親自動手做實驗，再撰寫成一份言之有物的實驗報告與心得。

對於技術型高中或綜合高中的同學而言，學校原本就有安排專題習作及實習學習課程，你依原本課程設計製作專題報告或實習報告即可。

2　請至少準備「三加一」份的精彩書面報告

對於剛升上高中的同學來說，對未來還是懵懵懂懂，可能很難清楚知道自己有興趣就讀哪些科系，有的人甚至無法決定究竟要讀自然組或社會組，所以凡是能交報告的課程，都是全力以赴。三年下來，也果真完成了十幾份報告，卻也讓自己為了撰寫報告而精疲力盡。

其實在參加大學申請入學甄試前，你僅需在過去上傳至學校的報告從中選出三件最滿意的即可。換言之，你只要完成至少三件自認滿意的書面報告，就等於滿足了大學甄試的基本要求。

一般學校規定，每學年可上傳六份書面報告，三年共繳交十八份報

告，你再從這十八份報告中選擇出三份報告。

　　因為你很可能在高一、高二時還無法確定自己未來的志願科系，呂老師會建議你至少準備「三加一」份的精彩書面報告。前三份是針對你目前性向會選擇的科系做準備，第四份報告則帶有「救援投手」性質，萬一你到了高三才改變選系方向，這時第四份報告則可派上用場。

3 安排「三加一」份書面報告的類別

　　請依照以下三種狀況，開始準備你的「三加一」份書面報告。

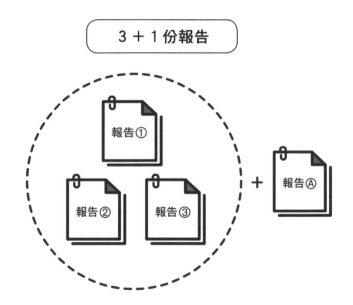

A. 如果我已百分之百確定要讀自然組或社會組

　　假設你已堅決選定未來上大學要唸的組別，請你在準備「三加一」共四份報告時，全數做跟該組別有關的報告。例如你已決定將來要唸理

工或醫藥科系，那麼四份報告就應該全部跟自然組課程有關。你可以針對物理、化學、生物先各做一份報告，第四份報告則可依你的興趣自由選擇。這樣安排的好處是可以「一網打盡」，滿足所有自然組相關科系的要求。

B. 如果我在高三可能會轉組

假設你現在是就讀自然組的班級，但或許到高三會轉而選擇社會組的科系，呂老師會建議你在安排「三加一」四份書面報告時，前三份是與自然課程有關，第四份報告則與社會課程有關，用以因應高三轉組時選擇社會組相關科系的要求。

反之，若你目前在社會組的班級，將來可能會選擇自然組的科系，請你在準備「三加一」四份報告時，前三份是屬於社會課程的報告，第四份則是屬於自然課程的報告。這樣萬一你屆時真的轉換跑道，選擇自然組相關科系時，就不至於落入無適合報告可交的窘境。

C. 如果我真的不知將來要唸什麼科系

倘若你興趣廣泛，或暫時無法決定將來究竟要唸自然組或社會組的科系，請你在準備「三加一」四份報告時，兩份做自然課程的報告，兩份做社會課程的報告。將來你若選擇自然組科系，可繳交兩份自然報告再加上一份社會報告；若你屆時選擇社會組科系，則可繳交兩份社會報告再加上一份自然報告。

你可能會擔心，如果想甄試自然組科系，繳交與社會課程有關的報告合適嗎？其實你大可不必擔心這個問題。負責甄試的教授想要瞭解的，其實是你的學習狀況、思考能力、邏輯分析、整理與歸納能力等。

倘若你有不同組別課程的報告，反而可讓審查教授更加瞭解同學在其他面向的潛力。

呂老師在實際審查考生的學習成果報告時，看到申請工學院化工系的同學繳出了英文、地理、歷史等學科的精彩報告，這完全不會影響審查教授們對他們的評價。

不管你現在是高一或高二學生，請在為各種考試用功唸書之外，也能花些心思針對未來甄試要交的學習成果報告多做一分準備，相信對以後的大學申請入學及四技二專甄選一定會大有助益！

貼心小提醒

- 108課綱施行後，高中同學可自由選課，這是一件好事，可讓同學的學習與發展更適才適性。在選課時，除了按照自己的興趣，該課程能否產出一份有利於未來大學推甄的書面報告，也是事前必須詳加考量的重要條件。

- 高中三年的必修及選修課程都會正式公告在學校的官網上。凡是有利於產出精彩書面報告的課程，請你要特別標註星號，並提醒自己在不同年級要積極去修習這些課程。

- 製作書面報告的要訣是重質不重量。與其繳交十八份枯燥無味、乏善可陳的報告，倒不如「集中火力」，用心製作「三加一」份精彩充實的報告，讓自己留下美好的回憶，也讓審查教授留下深刻的印象。

第三章

大學教授如何評量高中同學的三年修課成績？

3-1 大學教授如何進行個人申請入學書審程序？

——大學務必要求以公平嚴謹方式進行書審

 Q：請問教授，我高中三年花了許多時間完成多份書面報告及自主學習報告。在甄試時，大學教授對我的書審資料是如何評分的呢？

 Ans：這是個好問題！我想每位考生都很關心這個問題！我們在這一章會陸續說明！

大學教授如何進行書審程序？

在第一章曾提到，五大明星高中校長邀請台大管校長會談，因為大家都不知道大學教授在甄試考生時的評分標準為何。其實不僅是這幾所明星高中的校長們不清楚，包括全國的高中校長、高中老師、高中同學及未曾參與甄試書審的教授們也所知甚少。因為這是剛啟用不久的審查系統，只有實際參與書審的大學教授才會明白其中的審查過程及計分方式。

呂老師是108課綱施行後第一屆甄試書審的負責教授之一，所以略知一些書審的「秘密」，可幫助全國高中校長、老師、同學一解「心中之謎」。

大學教授進行書審的流程

大學是個講求自治自主的學術單位，各科系都有自訂的審查方式及標準。以下是一般系所的通則程序：

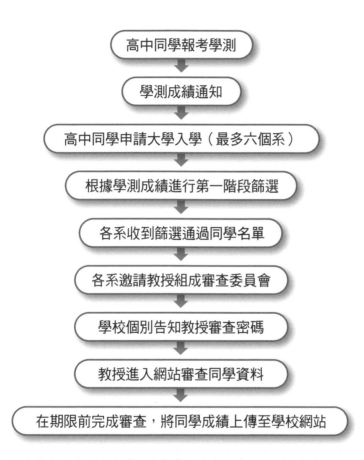

高中同學報考學測

學測成績通知

高中同學申請大學入學（最多六個系）

根據學測成績進行第一階段篩選

各系收到篩選通過同學名單

各系邀請教授組成審查委員會

學校個別告知教授審查密碼

教授進入網站審查同學資料

在期限前完成審查，將同學成績上傳至學校網站

審查教授與考生的分組

　　以呂老師服務的台大化工系為例，因化工系在台大屬於大系，每年招生人數相當多，自然有為數眾多的同學前來報考，所以甄試人數也頗多。因同一位教授不可能在短時間內看完所有同學的資料，所以本系會將通過第一階段篩選的同學分組，再將參與書審的教授分組，由不同組別的教授們審查不同組別的考生，最後再將所有成績排序。為求審查之公平性，有採取以下措施：

◆ 以隨機方式將通過第一階段篩選的考生加以分組，使考生背景均質化。

◆ 每一審查組別安排多位教授，每位學生的成績係以各教授評分平均值計算，故不會因個別教授的給分過高或過低而產生大幅偏差。

◆ 當不同教授對某位考生的評分差距過大時，會再次進行審查過程，以求在審查教授之間達成共識。

◆ 各個不同組別的教授在審查前會召開集體會議，共同討論評分標準，務求使各組分數級距接近。

　　當你瞭解上述流程後，應當明白大學教授們都是盡心盡力在維護書審成績的公平性。其實據呂老師所知，除了上述流程外，校方高層及招聯會也在持續觀察分析各科系的評分狀況及進行模式，力求避免產生弊端。

　　由此可知，書審成績的公平性應是每位應試考生可放心的一件事情！

貼心小提醒

● 對於所有考生的個人資料進行書審，大學教授們都是採取非常嚴謹公正的態度，同學們應可相信書審的公平性，你不需擔心這方面的問題。

● 大學教授們完成書審後，所有上傳的成績都會留存在學校電腦系統內，上傳之後也不能隨意更動，所以每位教授都是謹慎小心地為每位考生評分。

3-2 大學教授進行個人申請入學書審過程的「秘密」

—— 大學教授在電腦上會看到的書審資料

 Q：請問教授，當你進入電腦審查系統後會看到我的哪些資料呢？

 Ans：哈哈！你很想知道對不對？好吧！老師可透漏一些小秘密喔！

大學教授在書審資料中會看到你嗎？

全國的高中校長、高中老師、高中同學、高中同學家長應該都很好奇，大學教授在審查第二階段同學的書面資料時會看到什麼？這些資料對書審成績又有何影響？

當大學教授使用學校授予的密碼進入電腦審查系統後，其實是看不到你的。正確的說法是看不到你的長相，除非你在報告或自傳中附上自己的照片。教授們除了知道你的姓名、學校、生日外，不會知道你的其他個人資料。

首先你可以確信的是大學教授不會「以貌取人」，不會依據相貌及體態等為學生打分數。再者，因為教授不會知道學生的父母姓名、父母職業、兄弟姊妹狀況等，所以也不會因學生的家庭背景而改變評分標準。

大學教授在書審資料中會看到什麼？

　　當教授進入電腦審查系統的第一頁後，會看到所有參與書審的學生姓名及就讀學校，以及該生的以下三項資料：

1. 五學期校平均相對表現：以百分比呈現，百分比越小者，代表排名越高。
2. 五學期平均成績：以百分制呈現。
3. 第六學期成績：以PDF檔呈現，點開後可知該生第六學期修習科目及成績。

　　當教授點選五學期平均成績的欄位時，可以得知該同學在每一學期的在校、群及科班學程的排名，而且電腦會自動出現折線圖，顯示該同學在每一學期的名次高低起伏狀況。

　　當審查教授希望瞭解該同學在各領域學科的表現時，可進一步點選如數學領域課程、自然科學領域課程、科技領域課程等，即可得知該生在這些領域修習過哪些課程、成績高低狀況、修課人數及排名百分比等資訊。

　　另外，當審查教授點選第六學期成績時，可完整看到該生在第六學期修習過哪些課程、該課程成績、排名百分比等資訊。

點選108課綱後

　　在首頁的甄試學生名冊中，每位學生名字後面會出現一個綠色的「108課綱」小方格。當審查教授點選小方格後，可看到以下數個欄位，分別存放著考生的不同資料：

1. 主要PDF檔：存有「學習歷程自述PDF」及「多元表現綜整
   PDF」兩個重要檔案。

2. 修課紀錄：分別有三份資料，包括「修課清單及成績」、「第六
   學期成績」及「學期平均成績及學習相對表現」。

3. 課程學習成果：三份課程書面報告。

4. 多元表現：幹部經歷紀錄、檢定證照紀錄、競賽參與紀錄、彈性
   學習紀錄、其他多元表現等。

　　審查教授可依序或依他想瞭解該生的各方面狀況逐一開啟各PDF檔案，再綜合評斷該生的書面審查成績。

　　當教授想節省分別點選檔案的時間，也可直接點選綜合彙整PDF檔，可一次看到考生的全部檔案。

　　當你讀完本節，可瞭解以下事實：

1. 在第二階段甄試書審時，審查教授可清楚看到你前五個學期的各科成績及排名百分比，也知道你前五個學期的學業總成績及校、群、科班學程的排名百分比。

2. 審查教授也可清楚看到你第六個學期修習哪些課程及各科排名百分比。

3. 108課綱要求繳交的三份書面報告是「玩真的」！審查教授會確實逐一開啟PDF檔，閱讀你的書面報告內容。

4. 108課綱要求繳交的多元表現報告，真的會列入書審的計分項目中。

5. 108課綱要求繳交的「學習歷程自述」與「多元表現綜整」兩份報告也是「玩真的」！這兩項真的會列入計分範圍，且佔分比重不低，絕對不容輕忽。

6. 審查教授要仔細看完一位考生的所有資料，勢必耗費相當多的心力。但倘若考生的資料乏善可陳或內容欠缺時，教授也無從幫考生打高分。

　　基本上，審查教授從電腦檔案就可以「一覽無遺」你高中三年的修習課程、書面報告、學習狀況、學習成績、排名百分比、多元表現等，據此判斷你是否是他們心目中想收到的理想學生。

　　請儘量在書面資料中展現出你最傑出、最特殊的一面，讓教授們相信你就是他們期待已久的明日之星，這樣你才能在第二階段甄試中脫穎而出！

貼心小提醒

● 請切勿因全力衝刺考試，就忽略了書面審查資料的準備。書面審查資料越精彩充實，越容易在書審中獲得高分。反之，則可能不幸名落孫山。

● 很多高中老師不斷提醒同學書審資料的準備很重要，請不要把學校老師對你的苦口婆心提醒當成是馬耳東風。倘若你真的不在乎這些書審程序及資料，很可能審查教授也不會在乎你是否可成為他們系上的學生！

3-3 大學教授到底如何對備審資料進行評分？

——大學教授在電腦上必審的三個成績

Q：請問教授，我大致瞭解書面資料的審查過程了，不過教授們究竟是如何評分的呢？

Ans：相信不少人對這個問題也很好奇！好吧！老師再透露一些小秘密吧！

大學教授到底如何打書審分數呢？

當一位審查教授檢視過學生的眾多資料後，他到底是如何打分數的？我想這是全國高中校長、高中老師、高中學生、高中學生家長最想知道的答案。

讓呂老師來為大家解開疑惑吧！

在大學招生委員會設計的評分系統中，為了方便審查教授分別針對考生在各方面的表現進行評量，規畫了三個欄位供教授們打分數：

1. 修課紀錄及課程學習成果

2. 學習歷程自述

3. 多元表現和其他

教授必審三項成績

修課紀錄＋課程學習成果

學習歷程自述

多元表現

　　以上三項總和為100%，而各校系可自行訂定這三項表現的佔分百分比。

　　因審查計分表格是如此這般設計，容易讓同學因疏忽而犯了以下錯誤。在下列每一個項目前有三個方框。請每讀一遍，就在方框裡畫叉（如☒），提醒自己不要犯相同的錯誤。請最好讀三遍，在三個方框裡都畫叉（如☒☒☒），以降低自己犯下類似錯誤的機率。

關於書審資料的五大迷思與易犯錯誤

☐☐☐☐ **1. 自恃學業成績不錯，所以認為三份書面報告隨便應付交差即可。**

——錯！因為三份書面報告會包含在「修課紀錄」及「課程學習成果」成績裡，若這三份報告表現不佳，這個欄位的分數就會遭到扣分的。

☐☐☐☐ **2. 自恃學業成績名列前茅，所以認為「學習歷程自述」隨便寫寫就好！**

——錯！「學習歷程自述」這項是獨立計分，若你隨便寫寫，審查教授很難替你打高分。

☐☐☐☐ **3. 因為時間上來不及，所以「學習歷程自述」乾脆連交都沒有交！**

——錯！如先前所述，「學習歷程自述」這個項目是獨立計分，若你該項目從缺，等於是強迫審查教授對該項目直接打零分。

☐☐☐☐ **4. 自認多才多藝，曾參加校內外多項比賽，也獲得許多獎項，深信教授應會肯定我的多元表現，所以「多元表現及其他」簡單寫寫就好！**

——錯！在「多元表現及其他」這個欄位中，需要審閱你的「多元表現綜整」這份報告。即使你本身確實是文武雙全，但如果報告寫得過

於籠統草率，基本上教授們也不太會給予高分。

□□□ 5. 我沒什麼才藝，也沒有時間，所以「多元表現綜整」這份報告不交也罷！

——錯！如上所述，缺少「多元表現綜整」這份報告將會遭到嚴重扣分，你千萬要想方設法寫出一份報告，就算不甚理想也絕對不能不交！

由以上說明，全國的高中校長、高中老師、高中同學、高中同學家長應該足以相信，108課綱施行後的甄試確實是要透過學業成績及多元面向，多方面去評估某同學的潛力、特質及能否適應所申請的科系。

請高中同學儘可能提早準備、預作因應，切勿落入上述的五大迷思及錯誤。因各大學招生策略互有差異，每位教授也都有自己的一套評量方式。有機會的話，你不妨多請教學校的老師及認識的教授，多聽他們的想法及建議，看看是否還有其他容易被忽略的應注意事項。

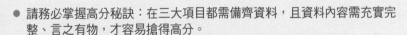

- 請務必掌握高分秘訣：在三大項目都需備齊資料，且資料內容需充實完整、言之有物，才容易搶得高分。

- 「懶得做」及「沒時間做」是呂老師最常聽到的說詞。確實每個高中生都很忙，但唯有「願意做」及「肯花時間做」的同學能通過甄試，順利金榜題名！

3-4 108課綱的高中課程裡的「部定必修」及「加深加廣選修」是什麼？
——高中的學測及分科考試到底在考幾年級的教材？

Q：請問教授，假如說在校成績對書審分數影響很大，我是否該認真準備學校考試並謹慎選課？

Ans：答對了！沒錯！你在學校裡確實該努力準備段考，選課前也應該仔細考量。

108課綱施行後的高中畢業學分

　　108課綱施行後，高中生的畢業條件有許多變革，不僅高中生家長不太清楚，許多高中生本身也不甚明瞭有哪些是重要的變動項目。在此將變革要點簡述如下：

◆ 高中畢業方式改採學分制，最少須修得150個學分才可順利畢業。

◆ 在150個學分中，最少須修得部定必修及校訂必修課程102個學分，以及至少須修得選修課程40個學分。

◆ 高中生最多可修180個學分。

◆ 每週有「彈性學習課程」，不算學分，也沒有評量，可供自行運用為自主學習、增廣或補強、校內特色活動、選手培訓等。

高中課程的名稱改變

　　許多教授在檢視甄試同學的各學期成績單時，除了會看到必修科目的成績外，還會看到許多選修科目的成績。

　　一般大學的各科系都有必修科目及選修科目。必修科目就是在該科系必須學會的最基本學力的基礎科目，而選修科目則是運用這些基礎科目知識所衍生而出的應用領域知識。

　　但當大學教授看到高中生的成績單中有「部定必修」、「加深加廣選修」等課程名稱時，不少人會感到一頭霧水，不清楚這些課程的授課內容為何，所以很難對該生的該科成績進行評量。

　　其實在108課綱裡，許多選修課程都是原本舊課綱裡的必修課程，但108課綱為了讓高中同學有更多元的選擇，刪減了必修課程的內容，轉而將原本舊課綱的某些必修內容移至選修課程中。

　　108課綱的高中課程分類如下：

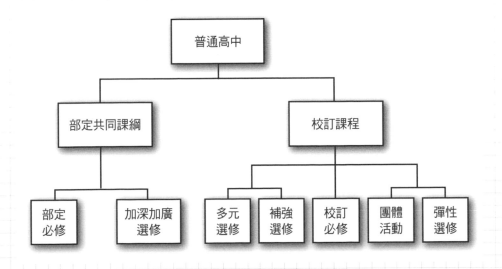

其課程內容簡單說明如下：

課程名稱	課程說明
部定必修課程	• 培養核心素養課程 • 學測主要內容
部定加深加廣課程	• 八大領域進階課程 • 分科考試內容
校訂必修課程	• 各校依其特色所安排之課程
校訂多元選修課程	• 各校依同學興趣、性向、能力與需求開設之課程 • 包括：通識性課程、跨領域課程、實作與探索課程等

學測及分科考試在測驗什麼？

　　對高中同學而言，最重要的問題是大學升學考試究竟考些什麼？108課綱施行後，仍舊保留了過去的學測制度，但原本的「指考」已更名為「分科考試」。讓我們來看一下這兩項考試的考試科目及範圍：

108課綱大學學測科目與範圍	
考試科目	測驗範圍（部定必修）
國文考科	部定必修國文（高一、高二、高三上）
英文考科	部定必修英文（高一、高二、高三上）
數學A考科	部定必修數學（高一、高二數學A）
數學B考科	部定必修數學（高一、高二數學B）
社會考科	部定必修歷史（高一、高二上） 部定必修地理（高一、高二上） 部定必修公民與社會（高一、高二上） ＊各科佔分比例相當
自然考科	部定必修物理（高一） 部定必修化學（高一） 部定必修生物（高一） 部定必修地球科學（高一） ＊各科佔分比例相當，且包含探究與實作

108課綱大學分科考試科目與範圍		
考試科目	測驗範圍	
	部定必修	部定加深加廣選修
物理*	部定必修物理	力學一 力學二與熱學 波動、光及聲音 電磁現象一 電磁現象二與量子現象
化學*	部定必修化學	物質與能量 物質構造與反應速率 化學反應與平衡一 化學反應與平衡二 有機化學與應用科技
數學甲	10年級必修數學 11年級必修數學A類	數學甲類
生物*	部定必修生物	細胞與遺傳 生命的起源與植物體的構造與功能 動物體的構造與功能 生態、演化及生物多樣性
歷史	部定必修歷史	族群、性別與國家的歷史 科技、環境與藝術的歷史 探究與實作：歷史學探究
地理	部定必修地理	空間資訊科技 社會環境議題 探究與實作：地理與人文社會科學研究
公民與社會	部定必修公民與社會	現代社會與經濟 民主政治與法律 探究與實作：公共議題與社會探究

* 物理、化學、生物三個考科的測驗範圍，皆包含探究與實作的學習內容。

　　當我們瞭解了108課綱的課程名稱變動及學測與分科考試的範圍後，可瞭解學測都是考部定必修課程，針對自然與社會兩科都只有考到低年級的課程，故學測只能檢測各科目之基礎能力。

　　而真正困難並能考出學生程度的課程都在「部定加深加廣選修課程」中，這些是「分科考試」的考試內容，學測一般較不會出題。

　　難道學測不考，這些「部定加深加廣選修課程」就沒必要修嗎？

　　下一節將介紹大學教授如何檢視高中生的成績單以及如何評量該生的修課成績，你就會瞭解「部定加深加廣選修課程」該不該修了。

貼心小提醒

- 108課綱將過去許多必修課程改成選修，但其實當中有不少科目對有意就讀理工科系的同學來說一定是必修，切莫因課程名稱現在被冠上「選修」兩字就輕忽了該課程的重要性。

- 就學測而言：部定必修課程是「主菜」。
  就分科考試而言：部定必修課程及部定加深加廣選修課程是「主菜」。
  建議未來想就讀理工科系的同學：就算你學測考得再好，部定加深加廣選修的自然相關課程還是必須認真修習！

3-5 學測頂標及滿級分的迷思

——理工自然醫牙生物科系學生應修的「加深加廣」課程

Q：請問教授，我學測自然科考到頂標，那麼我高三下的化學及物理是否隨便輕鬆讀讀即可呢？

Ans：很多同學跟你想的一樣，不過這樣的想法是錯誤的喔！

學測達到頂標及滿級分的迷思

學測是採級分制，凡是立志進入頂尖大學就讀的同學，無不竭盡全力想考到各科的頂標及滿級分。

但是因學測考試範圍的設定，不少教授對於學測是否真能篩選出實力最強的同學，其實是有點保留的。我們來看看學測的各科考試範圍：

考試科目	考試內容	考試範圍
國文	部定必修國文	高一、高二、高三上
英文	部定必修英文	高一、高二、高三上
數學A	部定必修數學	高一、高二數A
數學B	部定必修數學	高一、高二數B
社會	部定必修歷史、地理、公民與社會	高一、高二上
自然	部定必修物理、化學、生物、地科	高一

由上表可知，國文及英文考科涵蓋至高三上的教材，基本上應可測

驗出考生的真實程度。然而，數學考科只涵蓋至高二，社會考科只涵蓋至高二上，難免會讓部份教授心生疑慮，不確定學測是否能確實反映出考生真正的數學及社會科程度。但是讓理工科系及醫牙生技科系教授們最擔心的問題是學測的自然考科只涵蓋至高一程度，意味即使考生在自然科達到頂標或滿級分，充其量也只能代表他的高一自然科表現極佳而已，卻無法保證他在高二、高三的物理、化學、生物成績同樣能名列前茅。

　　由此可知，單單以自然科達到頂標或滿級分為篩選標準，未必就能找出高中三年自然科總成績的真正頂尖高手，往往會有遺珠之憾。

　　我們再進一步細看108課綱中學測及分科考試的考試範圍：

物理			
課程內容	課程名稱	考試範圍	修習年級
必修物理	必修物理	學測及分科考試	高一
力學一	選修物理 I	分科考試	高二
力學二與熱學	選修物理 II	分科考試	高二
波動、光及聲音	選修物理 III	分科考試	高三
電磁現象一	選修物理 IV	分科考試	高三
電磁現象二與量子現象	選修物理 V	分科考試	高三

化學			
課程內容	課程名稱	考試範圍	修習年級
必修化學	必修化學	學測及分科考試	高一
物質與能量	選修化學 I	分科考試	高二
物質構造與反應速率	選修化學 II	分科考試	高二
化學反應與平衡一	選修化學 III	分科考試	高三
化學反應與平衡二	選修化學 IV	分科考試	高三
有機化學與應用科技	選修化學 V	分科考試	高三

生物			
課程內容	課程名稱	考試範圍	修習年級
必修生物	必修生物	學測及分科考試	高一
細胞與遺傳	選修生物 I	分科考試	高二
生命的起源與植物體的構造與功能	選修生物 II	分科考試	高二
動物體的構造與功能	選修生物 III	分科考試	高三
生態、演化及生物多樣性	選修生物 IV	分科考試	高三

108課綱的設計用意良善，希望減少必修課程，讓高中同學有更多時間可自由發揮、自由學習，但大學相關科系的教授看了以上必修課程及選修課程的規畫後，可能會有以下想法：

◆ 對於化工系、化學系、材料系及其他相關科系的教授而言，如果考生有意進入該系就讀，化學選修 I 至化學選修 V 應屬必選課程，因為如果沒有修過這些高中基礎課程就根本無法銜接大學課程。

◆ 對於電機系、資工系、機械系及其他相關理工科系的教授而言，如果考生有意進入該系就讀，物理選修 I 至物理選修 V 一定是必選課程。同學若未曾修過這些課程，即使幸運獲得錄取，未來進入大學就讀後也必定會有一段很艱辛的學習過程。

◆ 對於醫牙生技等相關科系的教授而言，如果考生有意報考該系，生物選修 I 至生物選修 IV 皆屬高中生物的必選課程。同學若缺乏這些基礎學力，將來勢必很難聽得懂大學課程。

◆ 另一個有趣的問題是：想唸化工系、化學系、材料系的高中生該選修物理嗎？而想讀電機系、資工系、機械系等理工科系的同學該選修化學嗎？這個問題呂老師覺得是見仁見智，未必有標準答案。但考量到

　　新興科技的發展日新月異，且當前跨領域研究已成為銳不可擋的趨勢，所以完整修滿高中三年的選修化學及選修物理課程，對於有意進入理工科系的同學來說應是基本要求。就算學測沒有包含這些內容，但是大學及未來的職場工作都會運用到這些基礎知識。

◆ 另一個也常困擾高中生的問題是：如果我未來想讀理工科系，還需要選修生物嗎？這個答案也是因人而異。目前許多理工科系也有涉獵到生物科技的發展。倘若你有興趣、有時間，不妨試選看看，如果覺得仍有興趣，再考慮進一步選修該領域課程。

高中課程改變與大學教材的關聯

　　呂老師要告訴未來想讀理工醫牙生技科系的同學，即使目前高中課程將不少過去的必修課程改成選修，但是大學一年級的「普通化學」及「普通物理」仍維持原本的教學內容，這部份並無任何更動。大學不會因高中部份課程改為選修，就為大一新生重新講解這些高中課程內容，大學教授也不會因此就降低了原本課程教材的難度。

　　清華大學副校長、大學招聯會執行秘書長戴念華教授就提到，假如一個想申請理工科系的學生，高中三年僅修了最基本的部定必修自然課程，而未修「部定加深加廣選修課程」的化學、物理等課程，或是該課程成績僅僅低分過關，應該都不易申請到理想科系。

　　若你在學測的自然考科拿到很高的級分，恭喜你大有機會錄取理想校系。但請不要忽視了高二、高三「部定加深加廣選修課程」的學習，那才是大學課程的「重頭戲」！少讀了這些課程，將來進入相關科系後，你可能很難成為快樂的大一新鮮人！

貼心小提醒

- 學測頂標及滿級分，是許多考生努力的目標。但在努力之餘，也請提醒自己：自然科學測是評測高一程度而已，而非評量整個高中三年的程度。

- 對於未來想進入理工科系就讀的高中生而言，「選修化學」及「選修物理」應該皆屬必選。如果你在高中階段跳過不修，很可能從大一起就將面臨嚴峻挑戰及難關！

3-6　大學教授如何評量高中同學的修課成績？

——修課成績應避開的「十大可能地雷」！

Q：請問教授，負責甄選的教授會如何評量我的高中成績呢？

Ans：這是個很好的問題，不過答案其實是見仁見智，因為每個學校有不同的招生策略，每位教授也有自己的獨立想法。

大學教授如何評量高中生的修課成績？

經由上述幾節的說明，我想高中同學、高中校長及大學教授都已瞭解，學測僅能用以衡量高中生對部份課程的瞭解程度，而非針對學生在高中三年所學的一切進行總體評估，故學測是否能確實測出一位學生的真正實力，其實在教授間看法分歧。

因此除了看學測成績，還應從哪些面向去評估高中生在關鍵科目的修習狀況與程度，就是一件至關重要的事情。

那麼當大學教授看著電腦上眾多申請者的高中成績單時，到底是如何打分數的呢？因大學是高度重視自主自治的教育單位，且各校有自訂的不同招生策略，故評分方式很難只有制式的一套標準。呂老師僅能提供一些通則供大家參考。

一般大學教授可能會關心高中同學的學習狀況如下：

◆ 該校在一般高中的排名狀況

◆ 該生在該校的校排及變化情形

◆ 該生有無選修與目標科系相關的「部定加深加廣選修課程」的「選修化學」、「選修物理」、「選修生物」等課程

◆ 因學測只反映同學的高一自然科程度，所以理工生技科系教授會更關心該生在高二、高三的「選修化學」、「選修物理」、「選修生物」成績及校排表現

◆ 理工醫牙生技科技教授會特別關注同學的數學成績表現及校排，尤其是數學A（高二）及數學甲（高三）的成績

◆ 該生在第六學期重要科目的表現及校排

◆ 該生在某些科目是否表現優異且校排領先

◆ 該生在某些科目是否表現不佳或校排過低

修課成績應避開的十大可能地雷

當你瞭解一般教授對於審查修課成績的通則後，無論你現在是就讀高一、高二、高三，也不管你是想考進一般大學或四技二專，請你儘量不要踩到以下的地雷。

請每讀一次，就在該項目前的方框裡畫叉（如 ☒），提醒自己別犯這個錯誤。建議每隔一段時間就再次檢視一遍，最好在各項目前的三個方框內都畫滿三個叉（如 ☒☒☒）。

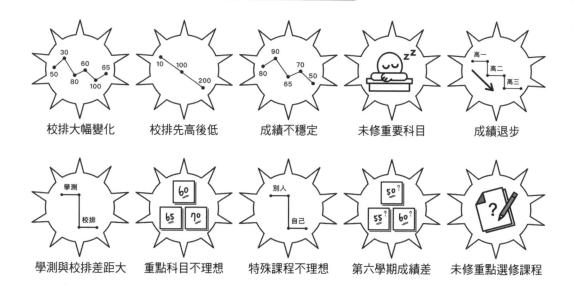

修課十大地雷

校排大幅變化　校排先高後低　成績不穩定　未修重要科目　成績退步

學測與校排差距大　重點科目不理想　特殊課程不理想　第六學期成績差　未修重點選修課程

□□□ 1. 校排大幅變動

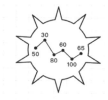

　　有些同學在高一時校排成績表現優異，但之後名次卻變動劇烈。最好能將校排儘量維持在理想區間內，代表自己的學習狀況有良好穩定性。

□□□ 2. 校排先高後低

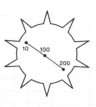

　　有些同學在高一表現傑出，升上高二、高三卻「節節敗退」，這會給予評審教授負面的印象。若某一學期成績出現退步，請務必在第二學期急起直追。

□□□□ 3. 重要科目成績不穩定

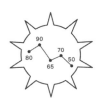

對於想讀理工科系的同學而言，最重要的科目是數學、化學與物理。若是這些重點科目成績不穩定或不理想，請務必勤加用功補強。

□□□□ 4. 未修重點科目的選修課程

對許多大學理工科系而言，目前高中課程「部定加深加廣選修課程」的「選修化學」及「選修物理」應均屬必選科目。若你根本未曾修過這些相關科目，會讓教授們留下不好的印象。

□□□□ 5. 重點選修科目成績及排名退步

以化學科為例，高中化學的難度是：高三＞高二＞高一。若某生的數學、物理、化學、生物等重點科目的校排是逐年退步，代表該生的學習能力及知識程度逐漸落後於其他同學，這也容易讓教授印象不佳。

□□□□ 6. 學測成績與校排表現差異甚大

一般而言，校排成績與學測表現應是正相關，意指校排成績越好的同學應有更佳的學測表現。若有一位同學的校排僅屬中等，在學測卻考出非常亮眼的佳績，這樣確實會讓人刮目相看。

但審查教授會思考，是否因學測出題剛好符合該生的「口味」，他才得以考出高分；或是該生過去在學校裡不夠用功，以致校排表現普通。這些都會讓審查教授在打分數時斟酌再三。

□□□ 7. 某些重點科目的校排不理想

　　固然對想就讀理工科系的學生而言，其數理成績好壞是最優先考量的重點，然而若是像國文或英文等主要科目的成績太差，也會讓教授不禁皺起眉頭。畢竟國文是最基本的溝通及表達工具，而英文則是未來吸收科技新知的重要媒介，所以語文科目成績較不理想的同學請務必自我加強。

□□□ 8. 勉強修習一些特殊課程

　　108課綱鼓勵學生可多元選修，甚至可到大學上先修課程，但建議一般高中生還是需量力而為。若耗費太多心力勉強選修一些高階課程，卻導致自己的成績表現不理想，那就適得其反且得不償失了。

□□□ 9. 第六學期成績明顯退步

　　有些同學考完學測後志得意滿，心想必定穩上理想志願科系，以致學習心態大幅鬆懈，對於第六學期高三下的重點課程未如以往的認真努力，導致成績明顯退步，這也會讓審查教授留下較不佳的印象。

□□□ 10. 第六學期未修重點選修課程

　　所有高中生都知道，高三下的重點課程是最難的，也是分科考試必考的。有些科系會希望來申請甄試的高中生必選「選修化學」、「選修物理」、「選修生物」等。如果某位同學完全沒有修習過這些課程，審查教授會覺得即使該生的學測自然科成績極佳，也僅能代表他的高一自然科程度不錯，卻無法證明其高三自然科實力仍能出類拔萃。所以建議想攻讀相關科系的同學，切勿輕忽了高三下第六學期重點選修課程的影響力。

　　經由上述說明，我想高中同學應可瞭解：

◆ 務必重視在校修課成績，因為不是學測或統測考得好，便能讓過去的在校成績「由黑翻紅」！

◆ 大學教授檢視申請人的修課成績是「玩真的」！不單僅是掃描式地看看校排罷了，還要看你修了哪些課程及成績表現。

◆ 不要被「選修」兩字誤導。對大學的相關科系而言，高中課程裡有許多選修科目其實是高中必修。即使現在幸運獲得錄取，往後進了大學修課也很可能讀得極為辛苦！

　　上述建議是呂老師的想法，謹供同學們做為參考。你也可以去請教校內專業科目老師的意見，或是請益認識的大學教授們，多聽聽老師及教授們的想法，相信對你未來的學習將會大有助益。

- 108課綱只涵蓋高中學程，大學端卻沒有新的課綱，因為大學本來就是重視自主自治的教育單位，所以不管高中課綱如何變革，你在大一還是要上「普通化學」及「普通物理」。能否聽得懂或甚至all pass，端視你在高中是否選修了適當的課程及是否投入足夠的心力。

- 不要因學測自然科拿高分就沾沾自喜。請謹記它只是測驗高一程度，並未涵蓋難度及挑戰性更高的高二、高三課程範圍。請有意進入理工科系的同學千萬不要輕忽高二、高三化學及物理的學習。

第四章

大學教授如何評量
高中同學的課程學習
成果報告？

4-1 個人申請大學入學及四技二專甄選都要重視課程學習成果報告
—— 課程學習成果報告對書審成績的影響

 Q：請問教授，不管我是想申請大學入學甄試或四技二專甄選，「課程學習成果報告」都很重要嗎？

 Ans：是的，無論你是想參加大學申請入學甄試或是四技二專甄選，課程學習成果報告都是必繳的資料，而且對你的書審成績具有舉足輕重的影響。

大學申請入學及四技二專甄選的規定

申請大學入學甄試時，申請人需繳交「課程學習成果報告」。申請四技二專甄選時，申請人需繳交「專題實作及實習科目學習成果」。

由此可知，不論你是想申請大學入學甄試或是四技二專甄選，撰寫「課程學習成果報告」都是「跑不掉」的必經過程。審查教授必須透過檢視你的「課程學習成果報告」，以瞭解你對該課程的投入狀況及學習心得。

不過申請大學與四技二專的規定略有不同：

申請學校	高中類別	上傳學習成果	學校審查資料
大學申請入學	普通高中	• 每學期上傳課程學習成果報告3件 • 三年最多上傳18件	• 只要求同學擇優選擇3件送審
四技申請入學	普通高中	• 每學期上傳課程學習成果報告3件 • 三年最多上傳18件	• 招生校系最多要求送審6件
四技二專甄選入學	技術型高中	• 每學期上傳專題實作及實習科目學習成果3件 • 三年最多上傳18件	• 具學分數之專題實作及實習科目學習成果最多要求送審6件 • 具學分數之其他課程最多要求送審3件
技優甄選入學	技術型高中	• 每學期上傳專題實作及實習科目學習成果3件 • 三年最多上傳18件	• 具學分數之專題實作及實習科目學習成果最多要求送審6件 • 具學分數之其他課程最多要求送審3件

* 申請四技甄選，各校系對於送審報告件數的要求有不同的規定，請同學參照各校招生簡章。

學習成果報告對書審成績的影響

　　有的同學在高一、高二時並未將「學習成果報告」放在心上，到了高三因為需要為學測和統測做準備，所以也沒有多餘的時間及心力好好撰寫這份報告。究竟三年來上傳的「學習成果報告」會如何影響你的大學申請入學書審成績呢？

　　呂老師將幾種可能狀況分析如下：

1　狀況一：上傳報告件數不足

若大學某科系規定申請入學必須繳交三件學習成果報告，但你過去或許因個人因素只上傳了一件或兩件，這將對你的書審成績造成相當不利的影響。好比老師規定學生必須繳交三樣作業，但你卻因故缺繳，難免會遭到相當程度的扣分。

2　狀況二：上傳報告內容充實精彩

上一章曾說明，審查教授可以看到你高中三年所有科目的成績及校排狀況，但其實成績單上的分數及排名只是數字的「靜態」呈現，審查教授無法得知課程的實際內容以及你真實「動態」的投入與付出。即使你的課業成績普通，但如果你確實曾對某些特殊課程下足功夫學習或探究實作，並認真撰寫出一份精彩充實的報告，將有助於大幅提高你修課狀況欄位的分數。

3　狀況三：上傳報告內容乏善可陳

若你上傳的學習報告內容如同記錄流水帳般平淡無奇，無法吸引審查教授的關注，如此雖然未必會遭到扣分，但為你自己爭取到加分的機率也不高。

呂老師在進行書審的過程中，發現有的同學上傳的報告著實乏善可陳，讓我完全感覺不到這是位國、英、數、自四科達到頂標的優秀學生。可能這些同學太忙了，忙到忽略了好好準備這些書審資料。然而，當通過第一階段篩選考生的在校成績及校排相差無幾時，書面報告的優劣就可能成為決定勝負的重要關鍵。

對每一位想甄試大學或四技二專的同學而言，「課程學習成果報告」都是不可或缺的書審資料。請花時間儘早準備，將會為你的書審成績帶來加分的效果！

貼心小提醒

- 不管你想申請大學入學甄試或四技二專甄選，都請認真準備「課程學習成果報告」，這會直接影響審查教授對你的學習狀況及修課表現的評量。

- 學業成績名列前茅的同學絕不要自視校排超高，對於「課程學習成果報告」就隨便寫寫、敷衍了事。如果你的競爭對手是他校的高手，而且他的報告比你的更加充實精彩，你就只好俯首稱臣、甘拜下風。

- 學業成績普通的同學如能交出漂亮的「課程學習成果報告」，就大有機會讓審查教授在衡量你的修課狀況時給予更高的分數，助你達到甄選錄取標準。

4-2 「課程學習成果報告」到底要寫到什麼程度？
—— 課程學習成果報告的質與量

Q：請問教授，我已經瞭解「課程學習成果報告」的重要性了。但是究竟該如何做才算寫得好呢？

Ans：這是個好問題，相信很多高中生也有相同的疑惑。在本節中，呂老師將仔細探討這個問題。

「課程學習成果報告」的相關規定

　　有關「課程學習成果報告」的繳交，招聯會有以下相關規定：

◆ 每學期由同學自行上傳。

◆ 該報告必須有「正式修課紀錄」及「學分數」。

◆ 由上述課程產生的作業、作品和書面報告。

◆ 其內容包含專題實作及學習成果報告。

◆ 上傳報告須經授課老師認證，證明該報告確實由該課程產出，且教師不會評分。

◆ 每學期由同學勾選3件，再由學校上傳至中央資料庫。

◆ 甄試前，再從已上傳的所有書面報告中挑選3件繳交至各大學科系。

◆ 甄試不同科系時，可選擇繳交不同的書面報告。

由上述說明，你可以瞭解以下的事實：

◆ 課程學習成果報告必須產自有學分數的正式課程。

　—— 所以課程的選擇很重要。

◆ 大學申請入學甄試僅需繳交三份書面報告。

　—— 所以盡力產出三份超精彩完整的報告即可，避免「亂槍打鳥」，

　　　耗時費力卻僅製作出十八份平淡無奇、毫無亮點的報告。

◆ 授課老師只能認證報告，基本上不修改報告。

　—— 所以書面報告要自行撰寫，可以請教老師，但不能仰賴老師修

　　　改。

「課程學習成果報告」需寫到什麼程度呢？

你可能也會好奇，到底該花多少時間寫「課程學習成果報告」？應該要寫到何種程度及水準呢？

其實這個問題並沒有標準答案。你無須強求要寫到「絕對」優異，達到全國前幾名的水準，而是你必須做到「相對」優異，能夠超越同期競爭者的水準，那麼你就大有機會可脫穎而出。

建議你可透過下列管道尋找參考資料做為依據：

1 至輔導室找學長姊的書面報告

先看過學長姊的報告，再去瞭解他們考上的校系，就可評估如果自己能寫到與他們相仿的水準，應該就有機會能錄取分數相近的校系。

2　上網看學校公告的優良書面報告

許多學校會依不同的組別，公佈優良書面報告讓同學參考。你可以設想，若你與該同學有意申請同一校系，自己需達到何種水準才可以超越他，請儘量往那個方向努力加強。

3　上網參考明星學校公告的優良書面報告

許多明星學校也會在網上公告不同組別同學的優良報告，供大家相互觀摩學習。如果你想贏過那些明星學校的學生，請先參考他們的優良報告，這樣你對如何強化自己的報告內容及撰寫方式就會有更清楚的概念。

特別注意──絕對不可抄襲

因為網路上可以看到太多不同學校的書面報告，有些同學可能由於沒有時間或懶得動腦，選擇直接加以複製或抄襲。

其實在電腦系統中，有一個非常便於審查教授運用的比對功能：僅需簡單按一個按鍵，就可將考生上傳的檔案交由電腦去比對判讀是否有抄襲情形。所以你可參考別人的寫作方法或模式，但千萬不要直接copy and paste，否則將對你的書審成績造成致命影響。

呂老師在審查過程中也發現，有相同的word模板或power point模板會重複出現。明明是地理位置相距很遠的學校，卻使用同樣的模板來呈現報告，如此難免會啟人疑竇，於是審查教授便會進一步探究這些報告是否為「委外代工」公司所製作的成品。當然這些報告也有可能是產自於特定的作業系統或程式，審查教授們都會再進一步詳加評估。

最重要的一點是請千萬記得，絕對不能抄襲！電腦一按即知！

回到本節的主題：「課程學習成果報告」究竟需寫到什麼程度呢？其實就是講求報告的質與量：

1　量的問題

雖然聯招會沒有頁數的規定，你不必將報告寫成長篇大論，然而若是一份報告僅僅只有簡單的兩、三頁，勢必會讓教授們覺得你「誠意不足」。

2　質的問題

假如你只是把課堂上的學習單或是所抄筆記上傳，這樣的報告質量確實不高，我想審查教授們看了一定會興趣缺缺。

請多多參考可能是你的競爭者的報告，你不僅要在「量」方面贏過他們，更需在「質」方面精益求精。

呂老師另外以簡單的四象限表格供你做為參考。我們將認真程度設為X軸，創意程度設為Y軸，則報告得分高低一般會如下頁圖所示：

第一高分：為第一象限，創意程度高且很認真撰寫的報告

第二、第三高分：創意程度高但未認真撰寫的報告（第二象限），或是創意程度低但很認真撰寫的報告（第四象限）。哪一種報告會得第二高分，會依不同系所屬性、選才優先考量及教授評量想法而有所不同。

第四高分：第三象限，創意程度低且未認真撰寫的報告

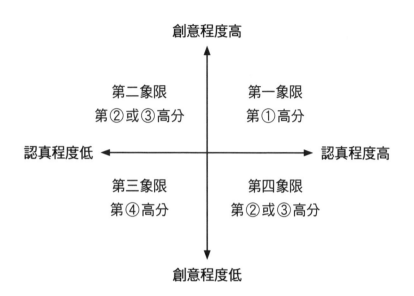

如果你希望自己的課程學習成果報告可獲得審查教授們的青睞及肯定，請儘量朝向第一象限的撰寫方式努力！

貼心小提醒

- 你繳交的「課程學習成果報告」不是要參加全國作文比賽，而是僅需與你甄試相同科系的其他人競比即可。只要你有把握寫得比其他人更精彩充實，你就大有機會贏過他們。

- 有意申請頂尖大學及頂尖科大的同學，請切勿輕忽「書面報告」的威力。因大家的在校成績與考試成績很可能都在伯仲之間，若大意失荊州在「課程學習成果報告」項目上失分，說不定會因此慘遭滑鐵盧！

4-3 大學教授如何審查「課程學習成果報告」呢？

——要如何選擇繳交報告的類型？

Q：請問教授，你知道審查教授是如何評量我們的「課程學習成果報告」嗎？

Ans：選擇題的電腦閱卷有標準答案，但學習成果報告的評分沒有制式的標準，不過教授們會召開多次會議，討論出一套合宜的評量方式。

大學教授對學習成果報告的期待

教育部委託台大社會系林國明教授組成「作伙學團隊」，前後共舉辦了數十場審議會議，並邀請多位高中教師、大學教授、高中同學、高中學生家長參與，經過長期討論及意見彙整後，完成一份「作伙做學檔——課程學習成果呈現建議」手冊。在高中各校網頁都可以找到，也提供自由下載。

建議你在撰寫課程學習成果報告之前，最好能先行參閱這份手冊，以繳出最符合教授們期待的報告。

林國明教授的調查結果顯示，大學教授們對高中生的學習成果有六大主要期待：

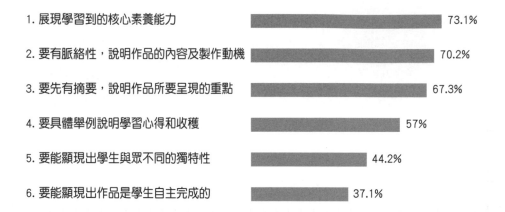

1. 展現學習到的核心素養能力	73.1%
2. 要有脈絡性，說明作品的內容及製作動機	70.2%
3. 要先有摘要，說明作品所要呈現的重點	67.3%
4. 要具體舉例說明學習心得和收穫	57%
5. 要能顯現出學生與眾不同的獨特性	44.2%
6. 要能顯現出作品是學生自主完成的	37.1%

　　呂老師認為這份調查報告相當具有代表性，大部份教授應該都會同意以上所述的評量準則，也會依其期待值給予學生不同的評價。

學習成果報告的獨特性與創意程度

　　在「課程學習成果呈現建議」手冊中，將同學需上傳的報告分為六大類：

1. 學習單
2. 課堂活動成果
3. 實作作品
4. 實驗紀錄
5. 專題報告（含小論文）
6. 綜整式學習紀錄

　　將這六大類報告搭配教授們的六大期待，你會發現在第五項「要能顯現學生與眾不同的獨特性」方面，依報告性質之不同會產生極大的差

異。在此簡單列表分析如下：

項次	報告種類	顯現學生獨特性 與創意的可能性	備註
1	學習單	☆～☆☆	照表操課者獨特性低
2	課堂活動成果	☆☆～☆☆☆	依老師指導進行者獨特性低
3	實作作品	☆☆☆☆～☆☆☆☆☆	自行創作者獨特性高
4	實驗紀錄	☆☆～☆☆☆☆☆	依課本內容實驗者創意低
5	專題報告（含小論文）	☆☆☆～☆☆☆☆☆	自行搜尋整理者獨特性高
6	綜整式學習紀錄	☆～☆☆	綜合老師筆記者獨特性低

依上表分析，若希望自己的報告具有較高的個人獨特性與創造力，應優先選擇繳交實作作品及專題報告。

在實驗紀錄方面，若是完全依照課本執行，其產出的實驗報告容易淪於一成不變；若是「探究與實作」課程，靠自己發想、設計、實驗、整理的實驗報告則容易獲得高分。由此可知，一樣都是實驗報告，但因實驗性質及實驗內容的差異，將會得到完全不同的評價。

學習成果報告的六大指引

在「課程學習成果呈現建議」手冊中也列出六大指引：

1. 作者要能展現能力
——意指報告中要show出你的才華與能力

2. 作品要有摘要
——要提綱挈領說明作品重點

3. 交代作品脈絡

—— 要說明製作此作品的動機及源由

4. 凸顯個人的獨特性

—— 如上所述要選對報告的種類，才能展現獨特性

5. 需注意作品真實性

—— 教授們會注意該作品是否真的由你自己完成

6. 作品要有重點，整理好再上傳

—— 避免雜亂無章地上傳，不要冀望教授們會幫你篩選「淘金」

以上都是教授們對於申請者所繳交報告的共通審查準則。請先瞭解教授們的想法，並慎選要繳交哪類報告，然後再努力好好準備、認真撰寫，將精彩的作品上傳！

貼心小提醒

● 你在高中三年共可上傳18份書面報告。請慎選要繳交的報告類型。如果只想敷衍了事，交出一份沒有用心撰寫的報告，充其量僅是滿足了申請入學的件數要求，卻不會為你帶來任何加分的助益。

● 請先瞭解高中校內有哪些課程可供選擇，並與相關課程的老師討論一番，接著再決定應針對什麼課程繳交什麼樣的報告，才能充分展現個人的獨特性及創造力。事先收集資料，邁出成功的第一步，你就能坐收事半功倍之效！

4-4 想甄選四技二專的同學該如何繳交專題實作及學習成果報告？

——科大教授如何審查學習成果報告？

 Q：請問教授，我想參加四技二專甄選，該如何準備專題實作及實習科目學習成果報告呢？

 Ans：其實四技二專甄選與大學甄試的要求非常相似，前面幾節的建議都可供你做為參考，再依你修課的課程內容撰寫並繳交即可。

四技二專甄選要求繳交的書面報告

前面幾節所述的大學教授對書審資料的審查重點，基本上與科大教授的審查重點大同小異。有意甄選四技二專的同學可參考本章前幾節的內容，做為你準備書面報告的依據。

另外，你也可上「技專校院考試及招生制度專屬網站」（https://www.techadmi.edu.tw），查詢各科大教授如何審查同學成績的相關規定。

我們將技術型高中及綜合高中對於學習成果的準備原則及四技二專書審重點表列如下，你也可以找到各個項目不同的對應關係：

技（綜）高學習成果準備原則	技專校院審查重點
1. 呈現課程學習過程	重視學生專業知識及實作能力
2. 展現個人特色或特質	以學習相關活動為主
3. 需要學習心得及反思	重視學習反思
4. 展現溝通互助及表達能力	重視資料真實性及自主準備
5. 延伸學習幫助生涯定向	採多面向綜合評量

科大重視的審查內容

　　許多科技大學對於課程學習成果的要求，會特別重視以下五個項目：

1. 報告的完整性
2. 資料的收集程度
3. 工作分配狀況
4. 學習實際心得
5. 所獲獨特創見

　　以台科大化工系為例，對於課程學習成果內容有詳細列出特別要求：

A.課程學習成果傑出，具有合理性與高度創新性。具體且清晰說明專題研究或成果報告之動機、研究方式、實驗設計與執行、結果分析與分析文獻。

B.報告含有自己的學習反思說明，表明自己對研究內容和學習過程的獨特觀點，能充分顯示自我學習的能力和對化工產業的理解。

C.清楚說明與組員合作分工方式與自身在專題實作中的主要工作與貢獻。

　　申請人的報告若能完整闡述且充分契合上述三點，這份報告的分數必定是名列前茅。

　　在呂老師審查前來台大化工系甄試學生的報告中，能夠寫得如此詳盡的仍屬極為少數，可見要錄取頂尖科大也是一場硬仗。

　　台科大特別要求在報告中，必須說明組員合作分工方式與自身在專題實作中的主要工作與貢獻，呂老師也覺得這一點非常重要，如此方能真正瞭解在一份團體合作報告中，每位同學的角色及貢獻，審查教授們才有權衡給分的依據。

貼心小提醒

- 科大比一般大學更重視專題報告及實作報告的表現。請儘量在這兩方面多下功夫，以加深審查教授對你的好印象。

- 科大非常重視在一份團體合作報告中個人的角色及貢獻程度。若是經由團體合作所完成的報告，請務必在其中詳加說明自己扮演的角色及所付出的心力。

4-5 請避開「課程學習成果報告」的「十大可能地雷」
──大學教授如何審查學習成果報告？

 Q：請問教授，如果我上傳的「課程學習成果報告」不盡理想的話，真的會影響到我的書審成績嗎？

 Ans：先前章節曾提到，「課程學習成果」與「修課紀錄」是合併在同一欄位計分的。學習成果報告內容空洞、乏善可陳的話，確實是會遭到扣分。

課程學習成果報告的M型化

　　前面有提到，呂老師是108課綱正式施行後第一屆大學申請入學甄試的審查教授，也因此有機會檢視許多高中生的備審資料。

　　凡是能通過本系第一階段篩選的學生，在國、英、數、自四個科目上皆必須達到頂標。按理來說，這些同學都是全國高中生中的精英，所繳交的書面報告理應是精彩可期。

　　但細細審閱這些同學的「學習成果報告」之後，發現不論在質與量方面均有極大落差，甚至呈現「M型化」趨勢。認真研究撰寫書面報告的同學，確實洋洋灑灑、言之有物；有些人的報告卻是內容空洞、了無新意，甚至讓人無法相信這真是出自於學測頂標同學之手。

　　我想同樣是學測表現如此優異的同學，在「成果報告」表現上差異甚大的理由不外乎是：

- ◆ 這些成績優異的同學，可能心想以學測成績便能穩上志願校系，故不太在乎「學習成果報告」的品質。
- ◆ 這些成績優異的同學，可能全心全意在準備學測及分科考試，所以沒有時間好好撰寫「學習成果報告」。
- ◆ 這些成績優異的同學，可能在高一、高二沒有花費心力在「學習成果報告」上，等高三要繳交時，不得已只好倉促上傳，草草交差了事。

　　呂老師在審查時，確實見到幾位同學是遲至高三下學期才上傳學習成果報告。當然或許是他覺得之前的報告不理想，又或許是他更換了就讀的組別，所以直到最後一學期才繳交報告。不過當時間越是緊迫，就越不容易好整以暇產出理想的書面報告。

「課程學習成果報告」的十大可能地雷

　　當負責審查的教授坐在電腦前，可看到所有通過第一階段篩選同學的校內成績。如果他們的學校排名相當，校排名次也相差無幾時，其實很難立判高下，但是一看完「學習成果報告」後，審查教授便會心裡有數，能夠清楚瞭解學業成績數字背後的真實學習狀況，也是判斷該生是否適合就讀這個科系的重要依據。

　　呂老師並不認為那些報告不盡理想的同學真的欠缺實力，可能他們只是沒有時間好好整理，或是輕忽了這些報告隱藏的「威力」罷了。

　　呂老師將注意到的「課程學習成果報告」十大缺失羅列於下，請你儘量避開這「十大可能地雷」。請每讀一遍，就在該項目前的方框中畫叉（☒），以提醒自己不要犯錯。請至少讀三遍，將每個方框都畫上叉（☒☒☒），讓自己絕不要誤觸地雷。

☐☐☐ 1. 「課程學習成果」沒有摘要介紹或摘要過短

　　招聯會規定，三件「課程學習成果」最多可寫一百個字的摘要。呂老師看到大部份考生都僅寫二、三十個字，有的人甚至連一個字都沒寫。其實每位審查教授都是非常忙碌的，審查時間又極為有限。如果一份報告欠缺摘要或是摘要內容無法吸引教授注意時，你想教授會有興趣仔細審閱你的報告嗎？

☐☐☐ 2. 報告頁數過少或內容不夠充實

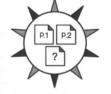

　　大考中心並未規定上傳報告的最少頁數，但如果頁數真的過少，就代表該生沒有盡心盡力撰寫報告，想當然耳內容也會不夠充實。呂老師曾看過一份「化學的探究與實作」報告，power point頁數只有三頁，各頁排版又很鬆散，很難相信這真是同學上了一整個學期的課程後所得到的收穫。

□□□ 3. 直接上傳學習單

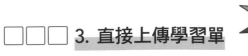

學習單是授課老師為方便教學所設計的Q&A題目。並非不可以上傳學習單，而是你應將學習單上傳後，再進一步補充其他資料，彙整其他文獻，進行比較分析，再加上個人學習心得及反思等，這樣才算是一份完整的報告。僅是直接將學習單上傳，我想每位審查教授看了都會皺起眉頭。

□□□ 4. 報告沒有封面或報告首頁缺少應有說明

呂老師看到的報告大多沒有封面，就算不加封面，起碼要在報告第一頁上方加註包括課程名稱、報告名稱、報告人姓名（單獨撰寫時）、全體報告人姓名（團體撰寫時）、授課老師姓名、繳交日期等資訊。如果方便附上封面，應將這些資訊放在封面上，讓審查教授能夠一目了然。

□□□ 5. 合作報告者的分工角色不明

在實際進行書審時，往往會看到出自於不同學校的類似實驗報告，有些學校的報告是由一人獨力完成，有些學校的報告則是由數人合作完成。雖然參與實驗的總人數不同，但獲得的實驗產出量是相近的。

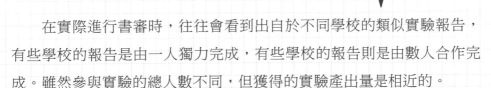

呂老師瞭解各校實驗器材數量不一，班級人數也不同，故一項實驗可實際操作的人數可能在各校之間存有差異。不過基本上而言，參與人數越多，實驗產出量應該也越多才合理，並且應在報告中明確說明每個人的角色分工及貢獻程度。

舉例來說，若同一組A、B兩位同學將共同實驗的成果寫成同一份實驗報告，並繳交至同一科系申請甄試，但報告中卻未說明彼此的角色分工及貢獻程度，試問審查教授們該如何替這兩位同學打分數呢？

☐☐☐ 6. 成果報告直接複印 或抄錄老師的講義

上課寫的筆記或抄錄自老師黑板上的補充資料，或許可算是學習成果紀錄的一部份，但教授們對這樣的報告通常評價不高，因為這份報告沒有你自己投入的心血，沒有你個人的想法，也欠缺獨特的創見、引申與發揮。若你有其他更好的資料可納入報告，建議儘量避免直接利用這類唾手可得的現成資料。

☐☐☐ 7. 自然科的實驗報告量不足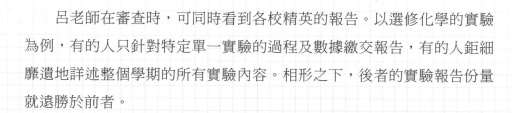

呂老師在審查時，可同時看到各校精英的報告。以選修化學的實驗為例，有的人只針對特定單一實驗的過程及數據繳交報告，有的人鉅細靡遺地詳述整個學期的所有實驗內容。相形之下，後者的實驗報告份量就遠勝於前者。

何種情況下，可以用單一實驗的數據來繳交報告呢？以下幾個原則供你做為參考：

A.「探究與實作」的課程：所有實驗過程皆是由你親自設計、規畫並執行。

B.「獨立研究」的課程：題目發想、文獻收集、解決方法、實驗步驟等一貫流程，皆是由你本身獨力思考完成。

C.「選修課程」的開放性實驗：有時授課老師會指派給你一個主題，讓你自由發揮，自行找出解決方案並完成任務。

基本上，按照教科書步驟照本宣科進行的實驗，都不合適以單一實驗的形式成為報告素材，因為這樣完全無法展現學生的創意。

□□□ 8. 上傳學校手寫實驗報告，
且字跡潦草、內容鬆散

呂老師不清楚某位學生是否因時間急迫或只想敷衍了事，就直接上傳了一份學校裡的實驗報告，可能因該份報告是在短時間內急就章完成的，所以字跡十分潦草，圖表都是手繪，直線畫得歪歪斜斜，數據點看起來也是勉強連線才完成的。

這樣的實驗報告品質或許高中老師可勉強接受，但當你是在與各校高手一較高下時，交出這樣的報告就意味著你有意自動放棄參賽權。

□□□ 9. 將老師給的以及參考書上的講義略加整理就上傳

高中化學有一門選修課是在教有機化學。因呂老師在化工科任教，對有機化學有一定程度的瞭解。我見到某位同學的報告是將不同的有機材料分類，再將其可能反應列表整理，我心想這些資料不是在很多相關參考書裡都可以找得到的嗎？若以為大學教授不懂有機化學，那可就大錯特錯了！諸如此類的報告，內容深度與用心程度都略嫌不足，當然也不容易獲得高分。

□□□ 10. 直接影印課本實驗步驟圖檔上傳報告

自然科有許多實驗，也各有一系列的實驗步驟。現在的教科書和參考書印刷都非常精美，將每一步驟繪製成圖，讓學生能一目了然。以教育目的而言，這些用心製作的工具書確實有助於學生順利完成實驗。

然而，若你直接掃描複製課本上的實驗步驟圖檔，當成自己的成果報告，就會衍生許多問題。因為這樣產出的報告除了你的實驗數據外，其他的實驗構想、實驗設計、實驗裝置、實驗步驟圖等，都是屬於出版商的智慧財產權，那麼試問這份報告的價值何在？你的貢獻度又有多少？

以上十大狀況，是呂老師在實際書審時見到不少同學曾犯的錯誤。我想可能是108課綱施行的初期，高中應屆畢業生在一知半解的情況下所犯的無心之過。現在你已經知道這些狀況不利於你的審查成績，所以請儘可能避開這些「地雷」。如有機會，請多與學校科任老師討論，甚至也可以請教大學教授，說不定他們也會提出其他可能的「雷區」。

當你犯的錯誤越少，你成功的機率就越大！

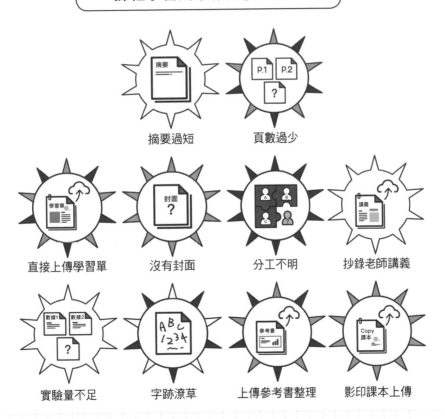

「課程學習成果報告」十大地雷

摘要過短　　頁數過少

直接上傳學習單　　沒有封面　　分工不明　　抄錄老師講義

實驗量不足　　字跡潦草　　上傳參考書整理　　影印課本上傳

貼心小提醒

● 甄試生的報告水準落差甚大。雖然報告水準對於是否錄取志願校系的影響是一時的，但是將來你的求學及工作能力，一部份也會取決於你撰寫報告的相關實力。

● 教授們是如何評量「學習成果報告」的價值呢？答案其實很簡單：

＊報告內容很多是能從課本、講義、參考書、補習班、網路找到的資料，教授們給你的評量分數想必不會太高。

＊報告內容係由你獨特發想、自行設計、自我思考、反覆求證、獨力實驗、自行推斷的比例越高，教授們給你的評價也會越高！

第五章

如何寫出可得高分的「學習歷程自述」及「多元表現綜整心得」？

5-1 寫好「學習歷程自述」真的很重要！
——要滿足審查教授們的期待

Q：請問教授，「學習歷程自述」真的需要認真寫嗎？

Ans：是的，你不僅需要認真寫，而且要「用力」寫。寫得夠好的話，甚至有可能發揮扭轉劣勢之效，幫助你順利考上理想大學及四技二專。

大學教授期待看到的資料

　　《聯合報》編輯群持續追蹤調查108課綱對高中教育及大學升學的影響，分別對數百位大學及技職院校的教授們進行問卷調查後，得到以下值得高中同學參考的重要資訊：

Q：大學教授期待在學習歷程檔案中可以看到的內容為何？

項目	一般大學教授	技職院校教授	總體教授
學習態度	57.8%	65.4%	60.7%
生涯探索過程	57.9%	48.5%	54.4%
求學期間成長與變化	53.3%	47.6%	51.1%
個人特質	48.3%	49%	48.6%
興趣與志向	41.4%	51.6%	45.3%
學習成果	33.3%	46.5%	38.3%
自我期許	38.6%	36.1%	37.7%

「學習歷程自述」的重要性

　　經由上述分析，可瞭解大學教授期待看到的內容其實與「學習歷程自述」內容息息相關。在1-6節裡，我們曾提到「學習歷程自述」包括三大部份：

1. 高中學習歷程反思
2. 就讀動機
3. 未來學習計畫與生涯規畫

　　在2-7節裡，你也可清楚知道基本上絕大多數的台大科系都要求參加甄試者必須繳交這三份資料。

　　我們進一步將這三份資料與教授們期待看到的備審資料內容相對照時，會得到以下的結果：

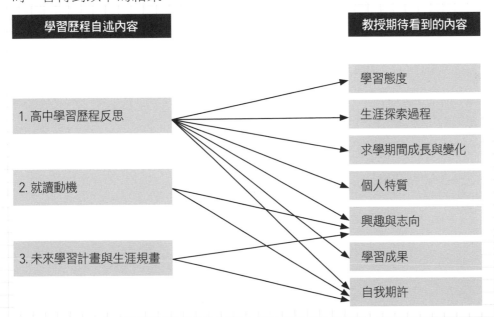

經由上表分析，你可清楚瞭解三件事情：

① 「學習歷程自述」檔案裡的「高中學習歷程反思」資料，足以將教授們想瞭解的內容全數包含在內。如果你這份資料寫得夠好，教授們便能「一覽無遺」，徹底瞭解你的學習狀況；反之，若你只想湊足字數卻沒有顧及內容品質，勢必無法滿足教授們的要求。

② 在「學習歷程自述」檔案裡的「就讀動機」以及「未來學習計畫與生涯規畫」，是與教授們期待看到的「興趣與志向」及「自我期許」相關。

③ 分析各類資料與教授們期待看到內容之間的相關性，可知「高中學習歷程反思」這部份的闡述最為重要，也是所有想要參加甄試者必須盡全力寫好的關鍵文件。

請同學開始著手撰寫「學習歷程自述」之前，先要嘗試換位思考，站在教授的立場來設想該如何寫好這份資料。

你要寫出教授們真正希望看到的內容，他們才會給你錄取上榜的機會。

請謹記，要寫出教授們希望看到的資料，而非自己天馬行空，想寫什麼，就寫什麼，以免耗時費力卻徒勞無功。

貼心小提醒

- 在3-3節裡曾提及，負責書審的教授需針對「修課紀錄及課程學習成果」、「學習歷程自述」及「多元表現和其他」三個欄位分別打分數。如果你的「學習歷程自述」寫得過於草率空洞，勢必會拖累你的整體書審成績。

- 在「學習歷程自述」裡，不見得只能呈現個人的「豐功偉業」。你可敘述自己如何在挫敗中成長茁壯，如何在逆境中力爭上游等，這是因為教授們除了希望收到資質優異的學生，也會希望收到具有「反敗為勝」精神且積極主動學習的學生。

5-2 如何善用自己的「學習歷程自述」達到逆轉勝？

——不要小看「學習歷程自述」的重大影響力

 Q：請問教授，我的高中成績普通，我好像沒辦法寫出一份精彩的「學習歷程自述」耶！該怎麼辦才好呢？

 Ans：千萬別太早輕言放棄喔！你毋須與全校第一名相比較，僅需贏過與你甄試相同校系的競爭者即可。只要你寫的報告比他們的更出色、更精彩，你的上榜機率就會大大提高了！

別輕易懷憂喪志

　　《親子天下》是長期調查及報導108課綱對學生及家長有何影響的一份重要雜誌，著名譯者朱靜女士曾在該雜誌中分享自己女兒如何逆轉勝考上台大的成功案例。

　　朱女士的女兒在準備二階甄試所需的備審資料時，內心感到有些茫然。她到輔導室看了學姊們留下的資料後，頓時信心大失，因為她沒有堪與學姊們比擬的傲人課業成績及傑出競賽表現，所以不知如何下筆撰寫自己的學習歷程自述，甚至灰心到萌生放棄甄試的念頭。

　　朱女士得知自己女兒的不安與困境後，耐心幫她分析，並提供以下幾點建議：

● 要找出「自己有，但是別人沒有」的亮點
● 積極找出自己想show給教授看的成果
● 要將「被動劣勢」翻轉為「主動優勢」

● 沒必要因自己的競賽成績不比別人多，就自認處於劣勢
● 找出個人的特殊學習經歷

找出幫助自己「逆轉勝」的關鍵

　　朱女士的女兒聽了母親的建議後信心大振，重新思考執筆方向，調整撰寫重點，後來繳出包含以下重點的「學習歷程自述」報告：

● 自我學習能力強──她幼兒時期曾在不同的語言環境中成長，在從未學過注音、也看不懂中文的情況下，直接插班進入台灣的小學就讀。不過她適應良好，短時間內就趕上其他同學的程度，後來更憑藉著會考滿分的佳績考上第一志願高中。

● 強調特殊表現──她是屬於第三學群，卻額外參加了各式語文及體育競賽，於是在備審資料中特別加強說明自己的參賽經驗及心得分享。

● 強調為班級及社會服務的貢獻──高三生普遍都是忙著K書，無暇顧及其他事務。然而她卻熱心動員班上同學參加大隊接力比賽，也利用課餘時間投入偏鄉活動，幫助弱勢團體，充分展現自己的熱心助人、領導能力與對社會的關懷。

　　她在「學習歷程檔案」及「多元表現綜整」中特別凸顯自己的各項「小成就」，讓審查教授充分瞭解她的學習經歷及反思內容，最後真的成功「逆轉勝」，順利金榜題名第一學府台大！

　　由上述的真人真事實例，你可以瞭解每個人的學習過程難免都會經歷高低起伏，都會面臨順境或逆境，也正因為這些不同的經歷，交織出每個人獨一無二的故事。

　　請努力找出自己學習歷程的亮點，說明本身努力的過程，讓教授們相信你就是值得他們栽培的明日之星！

貼心小提醒

● 當你撰寫「學習歷程自述」時，可以從兩個方向思考：

A. 若你有許多「豐功偉業」，請忠實客觀地逐一說明各項優異表現及競賽成績，讓教授們確實瞭解你在高中三年有何卓越成就。

B. 倘若你的課業表現及獲獎紀錄皆是乏善可陳，請積極思索你的學習經歷及心路歷程有何與眾不同之處。就算成績未盡理想，但你可以從另一個角度著手，說明自己在學習過程中如何突破逆境、如何更認識自己、如何重新振作等。這些真正發自內心的想法及省思，有時會讓教授們留下更深刻的印象，也可能因此爭取到加分的機會。

5-3 請避開「學習歷程自述」的十大可能「地雷」
—— 別犯無心的錯誤

 Q：請問教授，我已經瞭解一份優異的「學習歷程自述」會帶給我「翻盤」的機會，那麼我應該怎麼做才能寫得好呢？

 Ans：如果你想在這個項目得高分，請先避免自己犯錯失分，本節將介紹可能誤踩的十大「地雷」！

第一線審查的感想

　　呂老師在第一線審查了許多高材生的「學習歷程自述」。這些同學的學業成績在各校都屬名列前茅，甚至有些是出自資優班，但是平心而論，大部份同學的這份「學習歷程自述」都寫得不太理想，即使是高材生亦然。這並非由於呂老師的要求過高，我相信很多其他教授也有同樣的想法。

　　「學習歷程自述」包括三大部份：「高中學習歷程反思」、「就讀動機」與「未來學習計畫與生涯規畫」。我將同學們可能誤踩的十項「地雷」列舉如下，請每讀一次，就在方框內畫叉（如 ☒），以提醒自己注意。如時間許可，請至少閱讀標題三次。

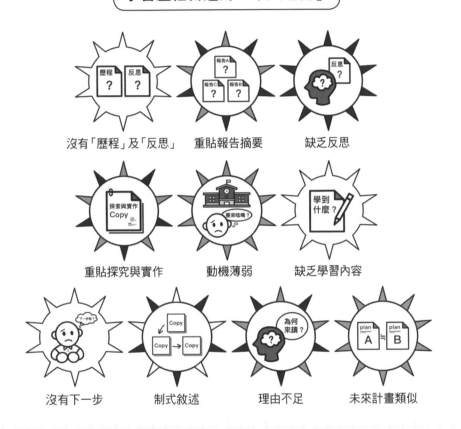

沒有「歷程」及「反思」　　重貼報告摘要　　　　缺乏反思

重貼探究與實作　　　　動機薄弱　　　　缺乏學習內容

沒有下一步　　　　制式敘述　　　　理由不足　　　未來計畫類似

1. 有「學習成果」，但缺乏「歷程」及「反思」

有的同學琳瑯滿目地秀出各式獎狀及競賽優勝紀錄，甚至製成圖表以展示各種成果，還附上文字說明各項競賽及在校成績表現，但卻通篇沒有提及如何學習的「歷程」，更遑論提到對該「歷程」的「反思」。看起來這就是一份「離題」的報告，會讓教授覺得該生欠缺「自省」能力。

□□□ 2.「學習歷程反思」貼上三份書面報告的摘要

有的同學在這份「學習歷程反思」中重覆貼上三份書面報告的摘要，其他課程的內容卻完全隻字未提。不禁會讓教授質疑，難道高中三年只有這三份報告值得一提嗎？其他課程的學習都不重要嗎？

□□□ 3. 羅列自身各項優點，但仍然欠缺「反思」

有的同學在報告的第一頁列出本身各項優點，並且依照學習能力、領導能力、活動能力、組織能力、表達能力分項說明。有了這份表單，確實能讓教授瞭解你的各方面表現。但畢竟這份報告的關鍵詞是「反思」，教授們在認同你現有能力之餘，更希望你能針對己身的弱點及不足之處加以補強，這樣才能精益求精、持續進步。

□□□ 4.「學習歷程反思」貼上「探究與實作」報告

或許有的同學為了「探究與實作」報告耗費極大心力，所以在「學習歷程反思」中再重複貼上同一份報告的摘要。其實並沒有明文規定在「書面報告」與「學習歷程反思」裡不能貼上同一份「探究與實作」報告，只是兩者需強調的重點不同。

在「書面報告」中，你要說明實驗設計、實驗方法與實驗結果。另一方面，在「學習歷程反思」中，你應告訴審查教授你的研究動機為何？收穫為何？如何改進？如何做出更好的成果？這些才是教授們希望看到的內容。

□□□ 5. 就讀動機薄弱

我想很多同學在撰寫「就讀動機」時，免不了會參考學長姊的報告及坊間書籍資料。例如有的同學自認求知慾強、勇於創新、願意面對挑戰、擅長規畫等。以上所述確實都是優點，但這樣的優點幾乎對於全國所有校系都能一體適用，卻很難讓審查教授相信你是特別針對該系撰寫「就讀動機」的。

□□□ 6. 缺乏對學習內容的敘述

呂老師在審查過程中，極少看到同學說明自己高中三年到底學到些什麼。許多人貼上各式獎狀或校排證明等，但教授們更想知道你覺得在高中學會了什麼？遇到什麼挫折？如何克服挫折？學習後的心得為何？你不需每一科目都說明，僅需舉兩、三個自己特別有感的科目即可，讓教授能瞭解你的學習經歷。

□□□ 7. 有寫心得，但缺乏下一步的想法

「學習歷程反思」寫得比較好的同學，會針對參加競賽、實驗報告、探究與實作寫出自己的心得，不過可惜的是往往沒有進一步說明對下一階段有何想法。例如你某項競賽表現優異，可說明如何讓自己再進步；例如你某項報告成果不理想，可說明如何自我檢討，如何在下次獲得更好成果等，這些都是教授希望看到的「反思」內容。

⬜⬜⬜ 8. 太多制式化的敘述及讚揚

有的同學自述前來本校甄試的理由，是因為各屆同學優秀、人才濟濟、傑出校友眾多、知名度高、研究環境佳等等。若在該段敘述中，將「台大」兩字置換成其他大學，其實整段陳述亦能成立，因為其他大學也具備同樣的優點，所以諸如此類的制式化敘述無法打動審查教授的心。

⬜⬜⬜ 9. 申請該科系的理由不夠充分明確

有的同學在就讀動機裡寫著因呂老師任教的科系，課程內容多元、符合時代潮流、課程教材紮實、領域範圍寬廣、研究表現傑出，所以才選擇申請本系的入學甄試。同樣地，以上敘述可適用於各校不同科系，容易讓審查教授不禁懷疑這位申請者是不是打算「一魚六吃」，只要把同一份資料逐一換上六個科系的系名，就可以分別上傳參加不同校系的甄試。這樣做很容易會讓審查教授覺得該生的申請「誠意」不足。

⬜⬜⬜ 10.「未來學習計畫」大同小異

呂老師看到的「未來學習計畫」多是大同小異，尤其是格式上幾乎都是區分為「近程」、「中程」、「長程」三個階段來寫。不禁讓人感到好奇，難道撰寫學習計畫就沒有其他的分類方式了嗎？為什麼這麼多高材生對自己的將來都不懂得依照個人志趣做適才適性的規畫呢？如果同學們的未來學習計畫相似度這麼高，我們又如何冀望將來能栽培出具備不同特色及能力的學生呢？

　　除了參考上述幾大重點外，也建議你多與學校老師聊聊，多請教不同大學的教授，多聽聽各方的建議，相信對你未來如何寫好這份資料必定有所助益。

　　呂老師也明白在目前的考招制度下，能及時上傳所有資料的同學已經算是很不簡單，尤其是想甄選四技二專的同學，繳交資料的時間壓力更是龐大。

　　請仔細評估自己的理想校系目標及可用時間。你設定的目標越高，就越有必要減少誤踩上述的十大「地雷」，這樣你就越有機會達成心願！

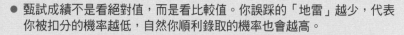

- 甄試成績不是看絕對值，而是看比較值。你誤踩的「地雷」越少，代表你被扣分的機率越低，自然你順利錄取的機率也會越高。

- 以上的建議都是呂老師的善意提醒，也鼓勵你多聽聽其他教授的意見。申請同一科系的競爭者很可能在校成績或學測成績都在伯仲之間，請你務必好好準備「學習歷程自述」報告，避免犯下無心的錯誤，讓這份報告成為助你上榜的致勝關鍵。

5-4 掌握「學習歷程自述」的「十大得分秘訣」
——抓緊替自己加分的機會

Q：請問教授，我已經瞭解應避開哪些「地雷」以免扣分，還應該怎麼做才能提高「學習歷程自述」的得分呢？

Ans：沒問題！在本節中，呂老師將告訴你「十大得分秘訣」，幫助你「克敵制勝」！

十大得分秘訣

在前一節裡，你已經瞭解了應該避開的「十大地雷」。在本節中，要教你「學習歷程自述」的「十大得分秘訣」。

以下有十個項目，當你每讀一次，請在該項目前的方框中打勾（如☑），以提醒自己注意。寫完該份報告後，也請依以下十個項目逐一檢查。

□□□ 1. 要寫出「歷程」，並加上「反思」

請針對高中學習階段你個人比較「有感」的科目，敘述你如何學習的過程，說明學習上遇到的困難，再說明你如何自我反省，如何改善學習方式，最後再說明目前的成效，以充分展現報告裡要求的「反思精神」。

☐☐☐ 2. 不要害怕揭露自己的弱點，要誠實敘述努力過程

人人都有強項及弱點，所以審查教授不會期待每位學生都是「學霸」。你不需害怕在報告中揭露自己的弱點，可說明自己在某些科目上遇到什麼困難，翔實敘述自己做了哪些努力及補強措施，以及對下一階段如何改善學習有何省思等。一份真情流露的自我省思報告，反而容易獲得教授的肯定。

☐☐☐ 3. 在第一頁條列出優異成績及具體事實

在第一頁將自己過去的優秀表現及得獎事績一一條列出來，確實可讓審查教授「一目了然」地瞭解你過去的各項成果。但是在該表格後，別忘了還須加上「反思」的敘述，說明自己未來在大學裡如何繼續改進不足之處，以表現出謙虛好學的態度。

☐☐☐ 4. 除了貼上獎狀外，還要敘述如何獲獎的過程

許多同學都會貼上自己的獎狀及競賽優勝成績。除了這些紀錄外，教授們更想瞭解你所付出的心血、你的努力過程及心路歷程等。教授們期待看到獎狀背後你所具備的潛力與特質，以判斷你是否適合就讀該系。

☐☐☐ 5. 說明校排成績變化，自我檢討原因

沒有人能夠永遠名列前茅。當你的校排名次出現高低明顯起伏時，你應勇於向教授們說明緣由，接著再敘述如何經過自我檢討與反省，重新調整自己的學習步調，於是又恢復原有的成績水準。類似這樣的一份

報告，會讓教授覺得這位同學有「自我省思」能力，未來有潛力挑戰更困難的課程。

□□□ 6. 充分展現對某個科目的熱愛

呂老師見到有同學自高一起就充分展現對化學科目的熱愛，除了在「探究與實作」選擇了與化學相關的題目，平時又會自動閱覽許多化學科普書籍，還參加化學能力檢定獲得優勝，在校內的化學科校排也持續名列前茅。像這樣的學生自然會受到「化學」相關科系的教授歡迎及青睞。如果你對某些科目已有明確偏好時，就應該「集中火力」在該科目相關領域盡情發揮。

□□□ 7. 充分展現對研究的熱忱及創意

大學教授在選才時，不僅希望選出能成為優秀大學生的同學，更希望發掘將來會成為優秀研究生的學生。若你在「探究與實作」、「專題研究」、「科展」及「自主學習」等項目及課程中，展現出高度的研究熱忱及個人創意，你就大有機會成為各大學積極爭取的對象。這是因為要找到會唸書的大學生很容易，但能找到擅長做研究的研究生卻不簡單！

□□□ 8. 誠實地反思自己失敗的原因

呂老師見到有些同學敘述自己參加一些科目的能力鑑定測試，一開始沒有過關，但後來重新複習基礎課程，加強練習題目，最後終於順利通過測試。也有的同學挑戰全民英檢，首次嘗試雖然失利，但靠著自我進修強化實力，最後終於順利過關。即使有些同學最後仍是未能成功過

關，但願意分享個人失敗經驗並檢討失敗原因，本身就是一件值得肯定的事。能寫出一份諸如此類的報告，便能充分符合「反思」的要求。

□□□ 9. 展現誠摯的就讀動機

有位同學為了申請呂老師任教的科系，認真查閱了本系大一至大四的課程，接著說明自己借閱了哪些與化工相關的基礎課程書籍，也花功夫瞭解化工系畢業生可能的就業領域，說明自己將來感興趣的職場工作，在在展現出對化工的學習興趣。像這樣認真「做功課」調查及理解化工系的高中生實屬少數，審查教授若是看到這樣的「就讀動機」自然會樂於給予加分。

□□□ 10. 設計規畫專屬的「未來學習計畫」

請你發揮獨立思考及創意，規畫出一份與眾不同的「未來學習計畫」，儘量避免在形式上與內容上與他人近似，也千萬不要「一魚六吃」，企圖用同一份讀書計畫去申請所有科系。你最好為有意就讀的每個科系一一設計專屬的學習計畫，以展現出你想進入這個科系的決心與誠意！

「學習歷程自述」十大得分秘訣

「歷程」+「反思」

誠實敘述

第一頁陳列成績

敘述過程

檢討校排變化

表現充分喜愛

研究創意

反思失敗原因

高度動機

不同學習計畫

因各校系選才策略不同，每位教授也有自己獨到的見解，有空時請同學們多聽聽其他人的建議，幫助自己寫出一份能獲得加分的「學習歷程自述」！

貼心小提醒

- 你可以試著從審查教授的角度，思考該如何撰寫「學習歷程自述」。如果教授見到的是大同小異或「似曾相識」的資料，應該不會想給予額外加分。

- 「學習歷程反思」是「學習歷程自述」中最重要、同時也是最難寫的部份。請誠實面對自己高中三年的學習過程，反省檢討自己有何不足之處，未來又該如何改進加強，這樣就會是一份能打動教授的反思報告。

5-5 「多元表現」對書審成績的影響力

—— 大學教授如何檢視備審資料？

Q：請問教授，備審資料中的「多元表現」羅列了很多項目，我全都需要準備嗎？

Ans：其實不然！很多校系雖然針對「多元表現」列出許多項目，但這只是列出書類提交的種類，你只需繳交相關類似資料即可。

大學教授如何檢視備審資料？

《聯合報》編輯群在108課綱施行後，費心對全國大學及四技二專教授進行調查，以瞭解大學教授如何看待甄選者的備審資料。在5-1節裡曾提及該報的調查資料，其他調查結果介紹如下，頗值得要準備甄選的同學做為參考。

Q1：大學教授認為可以從現行備審資料中瞭解到的內容為何？
　　前三名的結果如下：

項目	一般大學教授	技職校院教授	總體教授
學習成果	73.8%	75.7%	74.5%
興趣與志向	65.4%	61.4%	63.9%
個人特質	48.7%	46.4%	47.8%

以上數據顯示有六成以上的教授認為透過備審資料，可以瞭解考生的「學習成果」及「興趣與志向」。

Q2：未來審查學習歷程檔案，大學教授最看重的內容為何？
大學教授們有共識的前五名為：

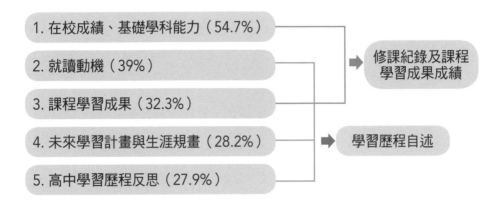

1. 在校成績、基礎學科能力（54.7%）
2. 就讀動機（39%）
3. 課程學習成果（32.3%）
4. 未來學習計畫與生涯規畫（28.2%）
5. 高中學習歷程反思（27.9%）

修課紀錄及課程學習成果成績

學習歷程自述

在本書第三章曾提到，負責書審的教授必須在電腦上針對每位甄選考生的三個項目分別打分數：

① 修課紀錄及課程學習成果

② 學習歷程自述

③ 多元表現及其他

《聯合報》的問卷調查結果顯示在前五名中，第一名及第三名均屬「修課紀錄及課程學習成果」的成績，第二、四、五名則屬於「學習歷程自述」的成績。

教授重視同學的何種多元表現？

依照《聯合報》的調查統計，非常有趣的是第六名以下均屬於多元表現：

6. 檢定證照　　　　26.4%
7. 競賽表現　　　　22.3%
8. 自主學習計畫　　17.2%
9. 自傳　　　　　　11.7%
10. 社團活動經驗　　8.9%
11. 服務學習經驗　　8.9%
12. 實習經驗與心得　5.4%
13. 幹部證明　　　　2%

藉由上述統計即可瞭解，許多同學費盡心力參與校外活動，取得活動結訓證明，爭取擔任社團幹部，在社團中力求表現等，這些事項未必是教授所認定的重要多元表現。因同學的課餘時間有限，為了達到最高效益，勢必要優先選擇真正能替自己加分的多元表現項目。

多元表現的評量標準

如前所述，教授們在進行書審時，有一個欄位需針對每位甄試考生的「多元表現」打分數。

那麼究竟教授們是如何評分的呢？由於招聯會已經三令五申，不鼓勵「軍備競賽」，所以考生無法「以量取勝」，教授們也不會「以量計分」。

　　每位教授心中各有一把尺，用以篩選出該系最希望收到的學生，且每位教授的衡量標準各不相同。

　　因「多元表現」項目太多，在有限的審查時間內，教授會先評估申請者有何「亮點多元表現」項目，再針對該項目計分。

　　呂老師列了一個簡單的公式供大家參考：

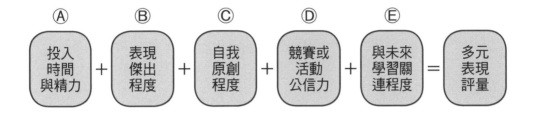

　　同樣地，依校系選才方向及教授個人判斷，上述A、B、C、D、E五項在權重上會出現不同的配比。

　　當你自行評估某項「多元表現」在A、B、C、D、E五項因子可以獲得高分時，你可將其優先選為上傳的備審資料。反之，若經評估後，發現五項因子的得分可能不高，自然就不適合上傳至中央資料庫做為備審資料。

　　你讀完本節應該可以瞭解，上傳對個人書審成績真正能產生加分效益的「多元表現」是件相當重要的事。

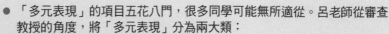

貼心小提醒

- 「多元表現」的項目五花八門，很多同學可能無所適從。呂老師從審查教授的角度，將「多元表現」分為兩大類：
  1. 能為考生「加分」的「多元表現」
  2. 僅能為考生「裝飾」的「多元表現」
  聰明的你應該優先選擇第一類的活動及繳交相關報告。

- 你或許會感到疑惑，該如何區分「多元表現」是屬於第一類或第二類呢？你可以請教學校老師或認識的大學教授，或是請你換位思考，假設如果自己是負責審查的教授看到這樣的「多元表現」資料時，會不會很希望錄取這個學生。

5-6 避開「多元表現」的十大可能「地雷」
——減少無法真能替你加分的活動

 Q：請問教授，我已經知道「多元表現」單獨計分的重要性了！我該如何撰寫及準備相關資料呢？

 Ans：很高興你開始重視「多元表現」的備審資料了！呂老師在接下來的兩節裡會教你如何避開「十大可能地雷」。

即使是高材生也不見得擅長「多元表現」

呂老師看過許多同學的備審資料，發現有的人可說是已達「神人級」水準，十八般武藝樣樣精通，但有的同學繳交的資料卻是乏善可陳，而且還犯了很多不該犯的基本錯誤，讓人十分惋惜。

在本節裡，呂老師會先提醒你不要誤踩的十大地雷。接著在下一節中，將告訴你獲取高分的「十大秘訣」。

「多元表現」的「十大可能地雷」

以下列出「多元表現」的「十大可能地雷」。在每個項目前有三個方框，請每讀一次，就在方框內畫叉（如🗙），以提醒自己不要勿觸「地雷」。如時間允許，請盡可能閱讀三次。

「多元表現」的十大地雷

心得過於簡要　　摘要不足　　沒有成果　　請教授連結

內容不詳　　一日型義工　　短期營隊　　小論文像維基百科

太依賴網站　　只有單元表現

1. 「多元表現綜整心得」過於簡要

　　呂老師看到許多同學把必繳交的「多元表現綜整心得」寫得過於精簡，甚至只用一張A4紙就將不同領域的表現以區塊形式呈現後，直接上傳。

　　依招聯會規定，「多元表現綜整心得」的字數上

限是800字，另可附加三張圖。見過有些同學在各方面確實表現優異，但在「綜整心得」中僅以條列式呈現，欠缺各項表現的詳細描述，也沒有分享任何心得，像這樣的報告未必能獲得教授們的肯定。

此外，雖然你的各項「多元表現」都有獨立檔案，可分別點選閱讀，但因教授的審查時間有限，如果你的「綜整心得」寫得過於簡略，教授未必有興趣進一步開啟你的各項「多元表現」檔案進行審閱。

2. 各項「多元表現」摘要不足或未寫

許多同學上傳各項「多元表現」檔案後，卻疏忽了應該為各個檔案附上相當字數的摘要，有的人甚至完全沒寫摘要。如前所述，因教授們需在一定時限內審完所有備審資料，倘若你的摘要敘述不明或沒有摘要時，教授們未必會打開每一份檔案細細審閱。

3. 「自主學習計畫與成果」資料不完整

在2-2節裡，你可以看到有將近1700個科系要求考生繳交「自主學習計畫與成果」，由此可證該報告之重要性。另一方面，在網路上有很多同學反映，因公私立學校不同，有的學校有「自主」，但是沒有學習；有的學校有「學習」，但是沒有「自主」。甚至有的同學反映在「彈性學習」裡，有人K書、有人睡覺、有人打混，各式各樣的狀況皆有。

不管在教室內的真實狀況為何，大學教授在電腦上只能看到你的報告，不會瞭解報告產出的過程。呂老師看到許多同學的「自主學習計畫」詳列了每週進度，內容也經過老師的同意與許可，可惜卻沒附上最重要的「成果報告」與「心得分享」，像這樣的報告是很難為你爭取加分的。

□□□ 4. 重要結果請教授自行連結網址搜尋

招聯會確實對每個「多元表現」檔案有最大容量的規定，但是呂老師見過有人僅寫了還不滿一頁，就直接貼上網址連結，請教授自行上網搜尋更詳細的報告內容。或許是原始的power point檔案很大，超過容量規定，但讓人好奇的是：同學為何不擷取幾張精彩的圖片或一些重要內容貼在報告上，卻一昧相信教授一定會連結你所提供的網址，一定會「自動地」上網閱讀所附資料呢？

□□□ 5. 校外課程或大學先修課程的學習內容不詳

有些程度較好的同學會參加校外研究單位（如中研院）的訓練課程，或是選修大學先修課程。同學主動修習這些課程是值得被鼓勵的，但在備審資料中往往只看到「錄取通知書」、「課程大綱」、「結業證書」等，卻隻字未提是受到何種訓練、學會何種新知等。如果審查教授無法瞭解你的學習內容，當然就無法做出正確衡量，所以請你務必寫出課程內容摘要、學習過程及心得分享。

□□□ 6.「一日遊」型的「志工活動」較不吸引教授

有些同學會參加「一日遊」型的志工活動，例如
一日淨山、一日淨溪、一日淨灘、一日義工導覽等。
參加這些活動應是值得被鼓勵的，但假設你在高中三
年只參加過一天的此類活動，想當然耳是很難獲得教
授肯定及加分的。反之，若你長期投入類似志工或義
工活動，這確實能獲得教授的認可。

□□□ 7.「短期型」的營隊訓練及「演講」可看性不足

呂老師見到有的同學參加一場校外科普
演講，就算是一項「多元表現」，或是參加一
些學校舉辦的營隊活動，附上幾張活動照片，
也當成是一項「多元表現」。請注意「多元表
現」中的「表現」二字。你聆聽一場演講或參
加一個營隊，你僅是「被動」的參與者，欠缺任何「主動表現」，怎能
將這些活動當成是「多元表現」成果呢？

□□□ 8. 小論文不是維基百科的彙整

有的同學會參加小論文競賽，這也是值得鼓勵
的事。但整篇文章讀下來，感覺像是維基百科的剪
貼簿，從網路上擷取或下載一些文字資料，再附上
幾張圖表或照片，拼拼湊湊就算完成一份報告。

　　撰寫小論文時，第一步當然是搜尋網路資訊，但這樣遠遠不夠，你還需繼續擴大搜尋範圍，彙整不同資料，再進一步比對分析，甚至加上個人見解及想法，衍生出獨特創新的結論，這才是寫小論文的目的，所以寫小論文絕對不是copy and paste即可。

□□□ 9.「自主學習」太依賴網路資訊

　　網路無遠弗屆，尤其現代的年輕學子對谷歌大神依賴甚深。許多同學的「自主學習計畫」雖然頗具新意，但呂老師檢視該份成果報告的參考文獻時，若看到參考文獻均是一串串網址，就會好奇為何同學不去圖書館借閱一些書籍，因為一本好的參考書籍內容充實完整、分析條理清楚，可能足夠你寫出十份報告。

　　網路資料雖然五花八門、應有盡有，卻往往是片段式的訊息，不夠全面性；況且網路上找到的也不盡然都是正確的資訊。當你決定針對某些課題進行「自主學習」時，請先從找尋並閱讀基礎書籍開始做起。

□□□ 10. 只有繳交「單元表現」

　　有的同學高中三年可能只專注於努力K書，忽略了需提前準備，所以「多元表現」項目的內容確實乏善可陳。針對這些同學，請你去參加英檢或數理能力測驗，或是在高三下學期想方設法「擠出」一份圖文並茂的「自主學習」報告，請千萬別讓該欄位留白。

　　看過以上內容，或許有人會認為呂老師的評量標準太過嚴格，其實上述的十大「地雷」應該是許多教授在看過審查資料後會有的共識。

　　同樣地，建議你多多請教學校老師及其他教授，看看自己的「多元表現」報告是否尚有改進的空間。呂老師的用意在於提出善意的提醒，絕非是為了對同學們的報告吹毛求疵喔！

貼心小提醒

● 「多元表現」不是要求學生當「八爪章魚」，期盼你樣樣精通。而是希望你針對本身的優點長處及人格特質，找出幾項特別的「亮點」，以便說服審查教授錄取你。

● 「多元表現」成果必須越早開始準備越好。你要優先選擇真正能替自己加分的項目，像是「一日遊」型、「團康類」型、「被動參加」型的活動都不是助你加分的利器。

5-7 掌握「多元表現」的「十大得分秘訣」
——未來求職的「十大核心能力」

Q：請問教授，我已經知道該避開哪些「多元表現」的地雷了，那要怎麼做才能為我的「多元表現」加分呢？

Ans：沒問題！在這一節裡，就讓呂老師來教你一些獲得高分的秘訣吧！

重要的十項核心能力

　　國內各大學碩博士班學生人數近年來呈現大幅增長的趨勢，所以當教授在審查甄試同學的資料時，也會一併評估該生是否有就讀研究所的潛力。如果某同學的「多元表現」資料能展現出強烈研究動機及獨立自主研究能力，其實該生就非常容易被列為優先錄取對象。

　　呂老師歸納出一般教授會觀察學生的十項核心能力，可做為你將來要準備「多元表現」資料及調整優先次序的參考依據：

1. 獨立研究能力
2. 強烈求知慾望
3. 主動實作能力
4. 吸收新知能力
5. 計畫執行能力
6. 學習熱情程度
7. 團隊合作能力
8. 溝通表達能力
9. 組織活動能力
10. 語文學習能力

　　這十項能力其實分別隱藏在「多元表現」的不同項目中。這些能力不僅是目前審查教授用以衡量申請者實力的重要項目，其實也是未來企業界在招聘新進員工時常用到的評估條件。

「多元表現」十大得分秘訣

　　經由以上說明，你可以瞭解「多元表現」報告雖僅是備審資料的一部份，但其實在學習及準備的過程中，也相當於是在為你將來的工作能力奠定基礎。

　　那麼該如何讓自己的「多元表現」足以獲得教授青睞呢？呂老師整理出以下「十大得分秘訣」供你參考。在每個項目前有三個方框，請每讀一次，就在方框內打勾（如☑），以提醒自己注意。

□□□ 1. 請聰明地結合「自主學習」、「彈性學習」及「學測」或「統測」

　　普通高中的「自主學習」或技術型高中的「彈性學習」時間裡，基本原則是你想學什麼，老師同意了，你就可學什麼。呂老師看過的「自主學習報告」中，有位同學立志要通過全民英檢高級，他先列出一  整個學期加強英文學習及模擬測驗的計畫，後來果真順利通過全民英檢高級檢定。想必憑藉著這樣優異的英文實力，他的英文學測成績應該也是十分亮麗。

另一位同學的「自主學習」項目選擇了「大一普通物理」，他先列出各週要讀的章節，還做了許多練習題，結果他真的以自修方式讀完大一普通物理，相信他在學測物理科目必能拿下高分。

以上都是善用「自主學習」或「彈性學習」強化主科基礎能力的實例。你也可參考這些方式，適當調整自己的「自主學習」計畫。

☐☐☐ 2. 請寫好寫滿「多元表現綜整心得」

這份心得的字數上限為800字，可另附三張圖。請盡全力發揮，在800字內寫好寫滿你所有的「豐功偉業」，目標是讓教授不用再另行點開任何檔案，就足以認定你就是他們很想延攬入校的學生。

☐☐☐ 3. 請在「多元表現綜整」裡詳述個人心得

其實每位高材生的資料都很豐富，甚至難分高下，但就算達到了同樣的成果，每個人的學習過程及心路歷程也不盡相同。教授要透過你的心得，才能判斷你是否具備一定的抗壓性，足以應付更大的挑戰。

☐☐☐ 4. 一定要在各項「多元表現」中寫出完整摘要

教授的審查時間很有限。你的目標是讓教授只看到摘要就能完全瞭解你的優勢與強項，讓教授不用另行點開檔案，便能直接肯定你的成就。

☐☐☐ 5. 不要只貼證書及獎狀

許多同學會貼上各式獎狀及證書，以為這些就足以證明自己具備某些能力。但你可能不清楚在頂尖大學或熱門科系的甄試中，幾乎每位申請者的證書及獎狀都是琳瑯滿目，難以區分高下。建議你除了貼上證書及獎狀外，還要敘述自己獲得證書及參加比賽的過程，說明自己辛苦努力的經歷，讓教授瞭解這些都是你長期耕耘所換來的豐碩成果。

☐☐☐ 6. 請參加具有公信力的考試

許多同學選擇參加「全民英檢」、「TOEIC測驗」、「APX檢定」、「TRML競賽」等，甚至參加奧林匹亞各科目競賽。不過你毋須全數參加，請量力而為，選擇你的優勢科目參加一、兩項即可。若你在這些具有高度公信力的考試中獲得佳績，確實會讓教授肯定你的特殊學科能力。

☐☐☐ 7. 請在「自主學習計畫與報告」裡盡情發揮

如果教授想瞭解某位同學將來是否可能成為具備潛力的研究生或研發人才，其實可以從「自主學習計畫與報告」中一窺端倪。呂老師看過幾份高中同學的報告，其實已接近大四生專題研究報告的水準，足見這些同學已具備良好的研究精神及執行能力，相信將來必能在研究領域大放異彩。

□□□ 8. 請展現你的「創意思考」及「動手實作」能力

　　要甄選四技二專的技術型高中同學，可透過「專題實作」展現自己的實作能力。但對普通高中同學而言，教授們往往無從判斷你是否具備「創意思考」及「動手實作」能力。若你能在「自主學習」中安排自行設計的實驗，展現個人創意及實作能力，將能幫助自己出奇制勝，繳交出一件非常吸睛的作品。

　　對於能參加科展的同學，不論是否獲獎，一般理工科系教授都會給予高度肯定，因為這些學生極有可能是未來的「研究生之星」。

□□□ 9. 社團及校內活動的規畫與執行

　　在社團及校內活動表現方面，大學教授重視的並非你是否擔任過社長或重要幹部，而是要瞭解你對某項活動的參與多寡及貢獻程度。例如活動前的規畫及宣傳、人員的安排、場地的佈置、文宣的製作、活動執行的具體成效、組織動員能力等，這些都是無法從學測成績看出的個人能力。

□□□ 10. 寫出一篇充實且感人的小論文

　　想要寫出一篇優秀的小論文，請別只當維基百科的剪貼者。建議你先到圖書館好好閱覽幾本初階書籍，有了基本認知後，再參考一些進階書籍，用心撰

寫成一份光靠網路搜尋無法比擬的報告。撰寫內容應力求言之有物，盡可能具有一定的創新性，再加上自己的獨立論述與見解。

「多元表現」十大得分秘訣

「自主學習」結合學測/統測

寫足「綜整心得」　　多寫個人心得

完整摘要　　　不要只貼獎狀　　　公信力考試

自主學習計畫　　動手實作　　校內社團活動　　精彩小論文

　　以上的「多元表現十大得分秘訣」，提供給你做為參考。請記得「數字會說話」，「報告也會說話」。

　　請努力完成能贏得審查教授青睞及肯定的「多元表現報告」，幫助自己成功敲開理想校系的大門！

貼心小提醒

● 「多元表現」既是多元項目的呈現，教授們也會依據校系選才策略及系所專業方向之不同，對同學的表現採取「多元」的評量方式。針對你可能感興趣的科系，請多利用機會向不同學校的教授請益，多聽取各方意見，將有助於你釐清準備方向。

● 本節提到的十大能力，身為高中生的你無法樣樣具備也是理所當然的。不過，倘若你能在「多元表現報告」中強調其中兩、三項能力，就能獲得顯著的加分效益。

第六章

如何準備大學個人申請入學及四技二專甄選的口試？

6-1　大學個人申請入學及四技二專甄選的口試該如何做準備？

——建議你口試前需提前做好的五大準備

 Q：請問教授，我好不容易已完成書審資料的上傳，在口試前還需要再做什麼準備嗎？

 Ans：恭喜你終於走到口試這一關！請勿輕忽口試的重要性。口試前不僅要準備，而且應「用力」準備！

台灣阿嬤的受難月

　　許多醫學系的教授在完成應屆考生的甄試之後，常常會把大學入學口試的這一個月戲稱為台灣阿嬤的「受難月」。為何會有此一說呢？

　　參加醫學系甄試的同學，在口試時最常被問到的問題是：「你為什麼想來讀醫學系？」很多同學在回答這道問題時，都會提及自己的阿嬤。有的同學說阿嬤身患重病，現在群醫束手無策，很希望自己當了醫生之後可以治癒阿嬤；有的同學說阿嬤年老體衰，最近跌倒以致嚴重骨折，自己很希望能夠幫助阿嬤儘速恢復健康；有的同學則說早在自己年幼時，阿嬤就因罹患不治之症而往生，期待自己習得精良醫術之後，能夠幫助拯救受類似疾病所苦的人們。

　　或許有些考生說的是事實，家中長輩確實曾遭逢這些狀況。然而如果大多數同學的阿嬤不是罹患重病、身受重傷、就是英年早逝的話，審查教授很可能會認為這是補習班訓練出來的制式回答，而非應試同學想

進入醫學系的真正動機，如此一來其口試分數自然會大打折扣了！也難怪教授們會將大學口試月戲稱為台灣阿嬤的「受難月」了。

連加恩醫師的故事

連加恩醫師的故事可說是家喻戶曉。他曾到非洲行醫，進行人道援助，捨身救人的事蹟著實令人感佩，也廣受社會好評及尊敬，公共電視台甚至將他的故事拍成了電視劇《45度C天空下》。

聽說有幾年期間，申請應試醫學系的考生被問到為何想唸醫學系時，不是說看過連醫師的書，就是說看過連醫師的電視劇。這樣太過於類似、欠缺獨特性的回答，往往會讓審查教授們懷疑答案的真實性。

口試前的準備

有些大學及四技二專的科系在第二階段甄試中，確實將口試分數的佔比大幅提高，期望藉以徵選出符合該系要求的學生。

口試分數的佔比多寡是個見仁見智的問題。每所大學及每個科系各有不同的考量及策略，以期收到最理想的學生。

呂老師參加過各式各樣的口試，始終認為在口試的極有限時間內，確實很難準確判斷出一位學生的真正實力與能力。一個在各方面都很優秀的同學，可能因一時緊張或因某個小問題卡關，表現失常而導致口試失分。因這樣的失誤造成優等生意外落榜的狀況可說是屢見不鮮。

目前的現實狀況是許多科系仍大量採計口試分數，所以呂老師建議你，在送出初審資料、稍做休息後，即應開始進行以下準備：

1 請廣泛收集各科系考古題

　　每個人能甄試的科系有限，所以請先集中精力，收集這些科系的口試考古題。你可以上網搜尋、去聊天室詢問、請教學長，以及到輔導室請教老師等。找到的考古題越多，真正口試當天試題「中獎」的機率也就越高。很多高中輔導室會貼心地幫同學收集各校過往的口試考古題，請你務必積極主動閱讀這些資料。

2 請自行擬列問題

　　除了參考各校系的考古題之外，請自行列出教授可能會提出的問題。請換位思考，把自己想像成是口試的教授，一邊思考教授會如何提問，一邊把想到的問題全數記錄下來，彙整成一份「口試猜題大補帖」。

3 請簡單寫出考古題及「口試猜題大補帖」的答案

　　在口試前，請針對考古題及「口試猜題大補帖」寫出簡單答案，以避免自己被問到類似問題時會驚慌失措。若答案可分成好幾項，請儘量標註1、2、3、4等數字符號，以加強本身對問題的記憶印象。

4 請寫下簡單的自我介紹

　　自我介紹是必考題。多數人皆以為自我介紹很簡單，不需先行擬稿。殊不知很多同學考試緊張就會腦中一片空白，忘了如何好好介紹自己。所以建議你，還是先行擬妥自我介紹的內容，寫完後檢查一下，確認是

否納入自己的專長及特殊表現等，好讓口試委員留下最佳的第一印象。

特別提醒一點，若時間允許，除了備妥一份中文自我介紹以外，請另行準備一份英文的自我介紹。有些校系會「突襲性」地要求考生以英文自我介紹。為了有備無患，建議你最好也能提前準備。

5 請面對鏡子練習

當你備妥預想的口試題目及事先寫好的答案後，請面對鏡子自問自答。請把鏡子裡提問的自己想像成是口試當天的教授，然後依照事先寫好的內容逐一從容回答。若家人或同學能提供協助，也可以請他們扮演口試教授的角色。

練習回答時，請儘量保持自然且流暢的語調。如果在口試當天被問到事先猜中的題目，而你是用生硬不自然的方式將答案背誦出來，這樣也很可能會對你的口試成績產生負面的影響。

請提早做好以上五大準備，你就有機會比別人搶得更高的口試分數。

貼心小提醒

- 大學及四技二專甄試口試不是為了測驗同學的口才，而是要瞭解同學是否能言之有物，是否能臨場反應。請無須擔心自己的口才夠不夠好，多做練習，即可在考場中流暢應答。

- 在口試現場，教授們不只注意你如何回答，更會從多方面觀察你，包括：穿著打扮、行為舉止、肢體語言、應對進退、眼神與表情、禮節與態度等。

- 教授們不僅希望收到一位優秀的學生，更希望收到一位值得栽培且深具潛力的學生。請努力在口試場中好好表現，讓教授們相信你是值得他們費心栽培的學生。

6-2 參加大學個人申請入學及四技二專甄選口試應避免的十大錯誤

——請不要誤踩甄試口試的十大可能「地雷」

Q：請問教授，有個學長明明在校課業成績優異，卻在參加他認為十拿九穩會上的校系口試時慘遭滑鐵盧，為什麼會這樣呢？

Ans：一般高中同學口試經驗較不足。他很可能是因為太緊張，誤踩了口試的地雷區啊！

大學及四技二專甄選口試絕不能犯的十大錯誤

在大型選舉時，若候選人之間實力相當、無分軒輊時，你常會聽到政治評論家這樣說：「最後能勝出的人，就是犯最少錯誤的人。」

大學及四技二專入學甄試的口試這關亦是如此。越少犯錯的同學，被扣分的機率越低，就越有可能是最終的獲勝者。

呂老師憑藉著多年來實際口試過許多考生的經驗，為應試同學羅列出以下「口試時絕不能犯的十大錯誤」，也可將其戲稱為「十大地雷」。能閃過這「十大地雷」，你就大有機會順利闖過口試這一關。

請在以下「十大地雷」各項目數字前的方框中，用鉛筆加註記號，再讀過一次，確定自己不會犯下這樣的錯誤後，請打叉確認（☒）。在考前，最好能把「十大地雷」的標題重複閱讀至少三遍。每讀一遍，請在方框中打叉做記號，也就是三個方框都要打叉（☒☒☒）。

□□□ 1. 說錯要甄試的校名及科系名

許多同學是趕場應考好幾個不同院校科系的口試，在匆忙之中趕到試場後，一緊張就出現口誤，說錯了要報考的學校名和科系名。這會讓口試的教授們不禁額頭出現三條線，猶豫著該不該繼續面試？

不管你要參加幾場面試，請在進入考場前，先在心中將該所學校的校名及科系各默唸三遍，再從容步入考場。千萬別因一開始的口誤，就直接被審查教授「三振」出局。

□□□ 2. 無法完整自我介紹

「自我介紹」是每一個科系口試的必考題，也等同是送分題。但是有的考生事前毫無準備，有的考生緊張到連最簡單的自我介紹也講得結結巴巴，甚至有的考生還態度輕浮、邊說邊笑，這些狀況都會讓教授們對你的第一印象大打折扣。

□□□ 3. 回答不出自己來甄試的動機

「你為什麼來甄試我們系呢？」，這是口試時很常出現的問題。教授們最怕聽到同學說出「是我爸媽叫我來考」或「我是分數剛好到你們系」之類的答案。教授們如果聽到這樣的回答，應該沒有意願繼續口試這位同學，因為再問也是彼此浪費時間。

「作伙學」網站中曾提及，有一位甄試外文系的同學回答英文是與國際溝通的工具，所以來報考外文系，結果教授聽了，請他直接去「地球村」英語補習班報名即可。一位報考機械系的同學回答是因為對鋼彈

有興趣，所以想進入機械系就讀。例如上述的這些理由薄弱且言不及義的動機，很難讓教授們相信你真的想來唸這個系。

　　請在口試前預先做好準備，絕不要說出會讓教授們啼笑皆非的答案。

□□□ 4. 答不出自己寫的書面報告 及學習歷程內容

　　108課綱非常重視同學繳交「書面報告」及「學習歷程」的真實性。有些教授會針對你報告中的實驗方法、實驗數據、調查過程、報告製作等提出問題。如果你對相關內容「一問三不知」，教授們會質疑那些報告的真實性。

　　有的同學被問到高一、高二繳交的報告內容時，會回答「我忘記了！」。也許你真的記不清楚，但是如此回答將導致嚴重扣分。請在應試前，將自己從前上傳的報告再複習一遍，以免被教授問倒。

□□□ 5. 忘了自己多元表現的成果

　　有的同學為了繳交多元表現成果，四處參加活動「集點」，像是各校系營隊、訓練課程、志工服務、講座課程等。等到口試當天，教授問及這些活動的實際內容、參加心得、學習收穫等，可能因同學參加過的活動實在太「多元」，記不得確實的活動過程與內容，以致無法順暢回答。

　　請活動真的很「多元」的同學，口試前要拿出活動的相關教材及記錄，並加以簡單複習與回顧，以防教授問及參加活動的相關問題。

□□□ 6. 說出過於類似及「防禦性」低的答案

在「ColleGo」網站中提到，許多同學會說曾讀過《24個比利》或《夢的解析》等書籍，所以想唸心理系。但倘若教授們對考生進一步細問這些書籍的內容，不少人卻陷入無法回答的窘境。

在前例中，同學們的回答有「公式化」之嫌，會讓教授懷疑這並非出自同學的真意。再者，教授若發現這個答案未有所本，只是同學為了應付口試而臨時編造的，口試成績必定會受影響。

在口試前，請自行準備合理、有說服力的答案，不要背誦同學或學長的制式回答，而且要做事前的「防禦」演練，才能在口試時抵擋得住教授們的凌厲攻勢。

□□□ 7. 被問到不會的問題時，長時間啞口無言

記得某次口試，有位教授問了考生一個問題。因為那名考生不知如何回答，以致啞口無言將近三十秒，在一片寂靜中，試場的空氣彷彿也被瞬間凍結了。那三十秒的「凍結」使得該名考生益發尷尬慌張，嚴重影響了之後的答題狀況。

當你遇到不太懂的問題，請切勿靜默不語。你可以請教授把問題再重述一次，或請問教授是不是這樣的意思，或請教授給你一些提示等。藉著與教授一來一往的對話，你可多爭取一些思考的時間，再做嘗試性的回答。

若真不知如何回答，你可誠實表明自己對這個問題不太熟悉，麻煩教授提問下一題，這樣也可避免靜默無語的尷尬場面。

☐☐☐ 8. 口試時問東答西、言不及義

108課綱施行後，台大化學系的多位口試教授非常感嘆，他們覺得有的考生答非所問，基本觀念混淆，顯示基礎學科能力不足。

在口試中，許多同學會問東答西、言不及義。如果真的聽不懂教授們的提問，可先請教授說明題意，然後從最基礎的原理、現象、定義等開始回答。切莫天馬行空、漫無章法的回答，這樣會遭到嚴重扣分。

☐☐☐ 9. 眼睛直盯地板，嚴重缺乏自信

高中生大多缺乏面試的經驗。有的同學因過度緊張，一步入考場就低著頭，兩眼緊盯地面，從頭到尾未曾抬頭看過審查教授，彷彿是犯了錯、等著受罰的小孩一般。若是考生表現出嚴重缺乏自信，也會讓審查教授不得不反覆考慮，是否該收這名學生。

☐☐☐ 10. 回答不確定是否會來唸這個系

很多負責甄試的教授在口試結束前會問考生：「如果你甄試上了我們系後，你會來報到嗎？」

近來因少子化之故，確實有些校系面臨到招生不足及報到率過低的問題。為了避免上述狀況，主試教授們自然會關心考生錄取後是否確實有意願來報到。

當你被問到類似問題時，若回答「我還不知道耶！」、「我不太確定耶！」、「我要與家人討論一下」之類的答案，聰明的你應該可以猜想得到，屆時放榜榜單上究竟會不會出現自己的名字。

請你務必謹慎思考，再好好回答這個問題。

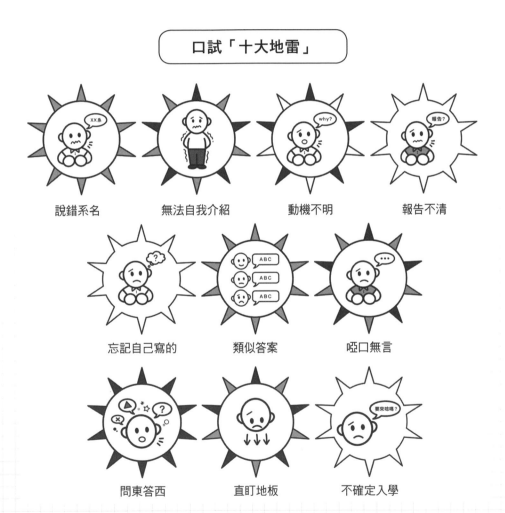

口試「十大地雷」

說錯系名　　　無法自我介紹　　　動機不明　　　報告不清

忘記自己寫的　　　類似答案　　　啞口無言

問東答西　　　直盯地板　　　不確定入學

　　每所大學不同科系各個教授都有其獨立的口試標準，呂老師上述提到的狀況未必可以涵蓋所有的可能「地雷」，或許有些教授因某些考生的某項臨場表現給予扣分，這也可能是造成那位考生口試失利的原因。

　　上述所提到的十大可能「地雷」，僅是呂老師善意的提醒，讓你做為參考。你可以再請教學校老師，瞭解一下過去學長姊實際口試狀況，避免自己犯了無心的錯誤。

　　口試時，請千萬小心別誤踩以上十大可能「地雷」。口試前，請再重讀一次十大「地雷」內容以提醒自己注意。逃過地雷區，方能「全身而退」，順利穿越口試考場的難關。

貼心小提醒

- 請在口試前複習「口試時絕不能犯的十大錯誤」，提醒自己閃避口試中的「十大地雷」，你方能「全身而退」，安全步出考場。

- 在口試中要儘量避免自己因失誤而遭到扣分，並且努力爭取所有可能的得分。能否錄取理想校系，有時是取決於自己有沒有冤枉被扣了不該扣的分數，請你竭盡所能把握住任何可以提高分數的機會。

6-3 大學個人申請入學及四技二專甄選口試的十大得分秘訣

——請掌握在口試試場中的「搶分秘訣」

Q：請問老師，我個性比較害羞、不擅表達，會影響我的口試成績嗎？

Ans：你無須太擔心口才的問題。只要能清楚誠懇地講出有亮點的答案，在口試中拿到高分一點都不難。

如何在口試中搶得高分？

在前一節，呂老師教你如何閃躲口試的「十大地雷」後，這一節要告訴你在口試中能搶得高分的十大得分秘訣。

在口試前，請最好把「口試十大得分秘訣」的各項標題誦讀三遍以上。請每讀一次，就在標題數字前的方框中打一個勾做記號，以統計自己誦讀的次數。最好在考前，十大得分秘訣的三個方框都已經打勾（☑☑☑）。

☐☐☐ 1. 團體口試時，要勇於主動舉手回答

有些校系因為應試考生人數眾多，故會以團體形式進行口試。在這樣的考場中，請不要過於客氣謙讓，當出現自己有把握的問題時，請勇敢主動舉手發言。即使你的回答或許未臻完善，但總比直到口試結束都沒有發言機會來得好。做人處事應當客氣，但口試時千萬不要太過客

氣，因為你很可能會錯失上榜的機會。

□□□ 2. 能清楚說明自己來甄試的強烈動機

　　每位考生參加甄試的理由各不相同，有的人是真的嚮往考上這個系，有的人只是前來一試而已。你自己心知肚明，而負責甄試的教授們也理解考生各有打算。不過如果有學生能侃侃而談清楚說明自己來應試的強烈動機，就很容易打動在場所有口試教授的心。

　　其實對很多校系來說，因抱有強烈動機而前來參加甄試的考生很可能只是少數。能井井有條地詳細說明自己的就讀動機及強烈意願，就會讓教授們印象深刻，成為你口試的得分亮點。

□□□ 3. 掌握口試剛開始的前三十秒

　　凡有演講經驗的同學都知道：剛上台演講時最緊張，等一段時間進入狀況後，繃緊的神經自然就會放鬆不少。

　　口試與演講非常相似。一般考生剛步入口試考場，多半會感到手足無措、緊張萬分，但越緊張就越容易結巴出錯。

　　口試時，一般都是從自我介紹開始。請你務必在家反覆練習中文及英文自我介紹，直到十分熟練。等到口試當天，先以流暢自信的語調自我介紹三十秒之後，緊張的情緒自然而然就會逐漸緩解。等自我介紹結束後，即可定下心來，冷靜沉著地回答教授們的提問。

□□□ 4. 有把握及能發揮的題目要「用力」回答

　　在口試時，對於教授的提問，你不見得每一題都知道答案。但如果

碰到你極有把握且能夠發揮的題目，請你務必抓住機會，切中要點認真「用力」回答。因為唯有如此，方能加深教授們對你的好印象，助你從眾多考生中脫穎而出。

☐☐☐ 5. 展現出誠懇謙虛的態度

應該沒有教授希望收到自以為是、自視甚高、不懂尊師重道的學生，所以你在應試時應展現出謙虛好學的態度。

若是碰到自己不太懂的問題，可先誠摯地向教授坦承自己所學不足，但願意自動自發補強不足之處，這樣可讓教授認為你是個「可教之材」。

☐☐☐ 6. 熟讀自己的書面報告及學習歷程反思

有些認真的教授事前會仔細閱讀考生繳交的書面報告及學習歷程反思，甚至做筆記，逐一寫下口試當天欲提出的問題。

呂老師知道很多同學早已忘記高一、高二上傳的書面報告內容，也明白有不少人是臨時抱佛腳，在短時間內拼湊出一篇學習歷程反思。

無論如何，只要是你上傳的資料及報告，都會成為口試教授的「題庫」。在口試前請務必熟讀自己上傳的書面報告及學習歷程反思，最好也一併複習當時做實驗的方法與步驟，以免臨場腦中一片空白，直接被教授們問倒。

☐☐☐ 7. 展現出自己適合就讀該系的自信

其實，大學甄試口試與你將來畢業後的求職面試有異曲同工之妙。

　　有些人一心一意想進入「護國神山」台積電公司成為員工，有些人一聽到台積電就敬謝不敏，深怕自己很可能無法達到該公司的嚴格要求。

　　同樣地，當你到某所大學及四技二專的某個科系參加口試時，腦中千萬不要心生懷疑，想著自己能否適應該校的激烈競爭、能否從眾多高手中脫穎而出順利畢業等。這種猶豫不決、缺乏自信的想法，將會忠實反映在你的口試表現上，教授們也能微妙地感知到你的心態。

　　如果你連將來能否順利畢業都欠缺信心的話，試問教授們又怎麼會放心給你入學的機會呢？

8. 回答要具有創意

　　許多教授喜歡問學生沒有固定答案的開放性問題（open question），以測驗考生的臨場反應及應變能力。

　　遇到此類問題，請不要不加思索就直接放棄作答，反而應以積極的態度去試著想出具有創意的答案，好讓考場中的教授眼睛為之一亮，認為你是深具未來潛力的人才。

　　正因為這些問題沒有標準答案，你才更有寬廣的發揮空間。請不要講出司空見慣或是了無新意的答案。請你盡可能想出一些別出心裁的特殊答案，以吸引教授對你的注意及興趣。

9. 仔細搜尋該系的相關資料

　　很多教授在口試時喜歡問考生：「將來讀我們系想要學什麼？」、「學了這些對你未來有什麼幫助？」、「你知道我們系上教那些課程？」等問題。所以呂老師建議你，在口試前，對於你有意參加甄試的

每一個校系都要多多進入該系網站，查閱該系的相關簡介說明、教育目標、大學課程、學生活動等。如有不太清楚教學內容的課程，最好也能事先上網搜尋一下。

上述問題對於事先沒有充分搜尋資料的考生來說，應該不容易講出讓教授們滿意的答案。只要你能提前準備，說出比其他競爭者更「真材實料」的內容，便能大大提高你上榜的機會。

□□□ 10. 事先規畫畢業後的安排

有些教授會問考生：「你來就讀我們系，畢業後想做什麼？」對一位高中生而言，連大學讀什麼科系都尚未確定，要想像自己未來的就業狀況其實難度更高。教授們也都瞭解，會這樣提問只是想試探考生是否曾深入思考自己的未來，是否有清楚的生涯規畫等。

同樣地，你可上網瞭解該系畢業生近幾年的就業狀況或繼續深造選項，然後針對自己畢業後的打算事先擬妥說詞。舉例來說，假設你就讀理工科系，你可告訴教授自己大學畢業後可能有兩個選擇，一是繼續攻讀相關領域的更高學位，二是會到光電、半導體相關企業面試，期望在高科技產業貢獻所學等。

只要你能大致說明自己畢業後的規畫，教授們都會尊重你的想法，也會對你留下良好的印象。

口試時請冷靜沉著、抱持平常心應對，切勿驚慌失措、自亂陣腳。但有機會施展以上十大得分秘訣時，請積極勇敢「搶分」，絕對不要客氣讓分！

口試「十大搶分秘訣」

舉手搶答

強烈動機

掌握前三十秒

有把握時「用力」回答　　　謙虛態度　　　熟讀反思內容

展現自信　　　回答有創意　　　仔細收集資料　　　規畫之後安排

貼心小提醒

● 口試當天，請以平常心參加面試。在試場中，碰到有把握的題目，要勇於侃侃而談；遇到能自由發揮的題目，則要隨機應變、靈活作答。

● 基本上，教授們都希望收到「對學習有熱誠」、「對專業有興趣」、「對未來有想法」的學生。請盡可能在口試當天充分展現以上三點，你就有機會通過甄試、金榜題名。

第七章

給高一、高二及高三同學的十大綜合建議

7-1 給高一及高二同學的十大建議

——讓自己提前準備大學及四技二專甄選！

Q：請問教授，我現在還不是高三學生，但將來想參加甄試入學，你可以給我一些建議嗎？

Ans：你有十分積極的心態。在本節中，呂老師將提供你一些實用的建議。

給高一、高二同學的十大實用建議

當你看完全書後，因為訊息量很多，可能無法一次記得所有重點。呂老師將本書內容做「總複習」式的統整歸納，為高一、高二同學提供一些建議。在下列每個項目前有三個方框，請每讀一次，就在方框中打勾（如☑），以提醒自己注意。如時間允許，最好能把十大建議的標題閱讀三遍。

□□□ 1. 剛升上高中，不要頓時完全鬆懈

有的同學在國中拼了三年，好不容易才考上理想的高中。一上高中就猶如脫韁野馬一般，整天只關心學校以外的事物，沒有把心思專注在課業上。在考完大考的暑假稍事休息、放鬆心情是人之常情，但在休息過後，請記得要重整心態，開始專注在學校課業上。

☐☐☐ 2. 請努力考好每一學期的第一次段考

不論是大學入學申請或是四技二專甄試，你在校內的每一學期成績在審查教授的電腦中都是「一覽無遺」，所以考好每一次段考很重要！每一學期的第一次段考都是範圍最小、內容最簡單，所以請盡力考好第一次段考，你就會越考越有信心！

☐☐☐ 3. 提早知道學測及統測考試範圍

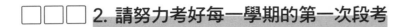

學測及統測成績是第一階段篩選的重要門檻。提早知道考試範圍，你就可以儘早準備，在上課時，你也會格外認真聽講。

☐☐☐ 4. 提早蒐集學測及統測考古題

該從何時開始看學測及統測考古題呢？答案是越早越好，甚至在你剛進高中就可以開始試著解題了。當然很可能剛開始大部份題目你都解不出來，但是隨著高中三年日積月累的學習，你會發現自己能解出的題目越來越多。儘早接觸考古題之目的，就是要刺激你的學習以及瞭解學習的重點。

☐☐☐ 5. 選擇適合繳交「學習成果報告」的課程

請與學校老師討論或向學長請教，看看有哪些課程較容易產出理想的「學習成果報告」。請千萬記得，不要以為僅繳交平凡無奇的學習單或上課筆記就足以交差了事。

□□□ 6. 選對課程後，要發揮創意並認真撰寫報告

　　請努力寫出三份「吸睛」的「學習成果報告」，儘量發揮自己的創意，讓這份報告內容充實並言之有物。這份報告的成績取決於你的創意程度、花費時間及用心程度。

□□□ 7. 請多參加競賽及檢定考試，多在「自主學習」層面發揮

　　在多元表現方面，請多參加競賽及檢定考試。大型競賽的獲獎紀錄及檢定考試的合格證書，是佐證同學實力的極佳證明。除此之外，如時間允許，請挑選一個學期針對某項「自主學習」課程好好發揮，也容易讓審查教授留下深刻的印象。

□□□ 8. 請提前蒐集想甄試校系的書審資料

　　請依個人志趣及可能上榜的學校，提早蒐集相關校系的書審資料要求，預先做好相對應的準備。

□□□ 9. 請維持穩定的校排名次

　　在校成績及校排名次代表一位學生在校內學習的努力程度，同樣地也會反映在他的學測及統測成績上。請儘量維持一定的成績水準，避免忽上忽下，會讓審查教授替你加分。

□□□ 10. 提早準備「學習歷程反思」及「多元表現綜整心得」

這兩份是大學個人申請入學與四技二專甄選的必繳資料。從高一開始，你就可以慢慢「儲備」可用的資料，先設想該修什麼課、參加什麼活動，才能對撰寫這兩份報告產生助益。請不要亂槍打鳥式的盲目修課，也不要湊熱鬧式地參加各類活動，因為這樣做的話，即使你耗費了大量時間與精力，仍可能落入「無字可寫」的窘境。

以上的十項建議，供所有高一及高二同學做為參考。此外，呂老師鼓勵你多跟學校老師聊聊，或是找機會多跟大學教授請益，他們也會給你不同的建議，幫助你順利進入高三課程，在最後階段朝向目標努力衝刺！

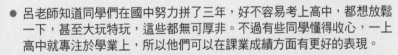

貼心小提醒

- 呂老師知道同學們在國中努力拼了三年，好不容易考上高中，都想放鬆一下，甚至大玩特玩，這些都無可厚非。不過有些同學懂得收心，一上高中就專注於學業上，所以他們可以在課業成績方面有更好的表現。
- 高中生確實比國中生更獨立自主，可參加更多的社團，接觸更多的活動。不過你應該在學校課業及課外活動之間求取平衡，切莫顧此失彼，以免等到高三才想急起直追用功讀書，卻已經為時已晚、力有未逮了。

7-2 給高三同學的十大建議
—— 請把握大學個人申請入學及四技二專甄選的機會！

 Q：請問教授，我目前是高三學生，究竟該如何做最後衝刺呢？

 Ans：請別給自己太大壓力。請參考呂老師的建議，幫助自己順利達成目標。

給高三同學的十大建議

當同學「終於」升上高三，許多人會備感緊張，甚至身心承受莫大的壓力。雖然現在要考上大學不難，但是若想考進理想校系或熱門科系，其實還是有賴一定的實力及萬全的準備。不論你是想升大學或是四技二專，呂老師提供以下十大建議，供高三同學做為參考。

在每項建議前有三個方框，請你每讀一次，就在方框內打勾作記號（如☑）。如時間許可，最好能將十大建議的標題閱讀至少三遍。

☐☐☐ 1. 請先在學測或統測考出好成績

學測及統測成績都是甄選入學的必備評量項目。請在高三第一學期盡全力用功讀書，力求在學測或統測交出一張亮麗的成績單。

☐☐☐ 2. 請注意自己高三的在校成績

在甄試時，教授會仔細審閱你的在校成績，尤其是高三重要課程的分數及排名。在努力準備學測或統測的同時，也請勿忽略學校段考的重要性。即使在考完學測或統測之後，仍有必要將第六學期成績維持在一定的水準。

☐☐☐ 3. 請務必選修「加深加廣選修」課程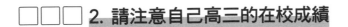

不論你是屬於哪一類組，如果有意甄試理工醫或文法商的科系時，請你務必選修該系必備的「加深加廣選修」課程，而且要修足、修好，以利與大學課程順利銜接。

☐☐☐ 4. 提早蒐集及分析各校備審資料要求

因各校系招生策略不同，故要求的備審資料種類及評分重點也不盡相同。在升上高三後，請及早利用空檔時間，逐一分析及整理所需資料。

☐☐☐ 5. 預先判斷自己大概可甄試哪些科系

即使你尚未參加學測或統測考試，也不知道自己究竟會考到幾級分，但是你可以先行參酌自己學校過往的錄取狀況，再加上自己的校排成績，大略推估出應該可以申請哪些校系，再集中心力分析那些校系的備審資料要求。

□□□ 6. 準備足以吸睛的「課程學習成果」報告

　　不論是甄試大學或四技二專，都需繳交你自認最滿意的「課程學習成果」報告。若在高一、高二時已完成三份理想報告，在甄試前，僅需直接在系統中點選繳出即可。若沒有足夠的優質報告，請在高三下學期把握機會選修合適的課程，盡快完成三份成果報告。

　　若覺得自己在高一、高二繳交的報告內容不甚理想，建議你加以重新整理，增添報告內容，強化報告深度，補述學習心得，再以PDF檔形式自行上傳繳交，好讓你的報告對審查教授能產生「吸睛作用」。

□□□ 7. 提前準備「學習歷程自述」

　　要撰寫出一份完整充實的「學習歷程自述」確實相當不容易，需要提前準備並反覆改進。你必須在一定字數及圖片的限制內，條理清晰地說明自己的「學習歷程反思」、「就讀動機」及「未來學習計畫」。建議你剛升上高三，就要開始試寫，並請學校老師提供修改的建議。

□□□ 8. 思考如何呈現「多元表現成果」

　　雖然招聯會反覆強調「多元表現」並非軍備競賽，不是越多越好，但是關鍵在於還是需要「有料」可寫。如果你只剩下學業成績可做「單元表現」，恐怕會淪於「巧婦難為無米之炊」的窘境。先想想自己的優勢及亮點何在，該考的校外考試及該參加的競賽，在不影響課業的前提下仍應儘量參加，這樣你才會有足夠的「多元」資料可展現。

☐☐☐ 9. 把握「自主學習課程」

「自主學習課程」屬於多元表現的一環，也是能替考生加分的重要項目。請善用學校資源，設定一個容易產出亮麗報告的好題目，再進一步加以發揮，寫出一份能展現同學用心程度又富有知識內涵的學習報告。

☐☐☐ 10. 不要放棄「分科考試」

如果你甄試大學的結果不太理想，與其勉強就讀，不如再給自己一個機會，再拼一次「分科考試」！雖然可供準備「分科考試」的時間很短，考題的難度也大幅提升，但畢竟考上哪個校系可能是決定自己未來發展方向、影響一輩子的事情。建議你別輕易放棄「分科考試」，有必要時，仍需考慮奮勇一戰。

以上十大建議，供所有想考大學或四技二專的高三同學做為參考，你也可以多聽聽學校老師及其他教授的意見，自己再做綜合判斷。

所謂「天下沒有白吃的午餐」，同理可證，天下也沒有輕鬆就能考上的理想大學及四技二專。

在高三這一年盡一己之力，換得考上理想校系，這是件非常划得來的事情。一分耕耘，一分收穫，你為申請甄試所付出的事前種種努力，終將於最後迎來甜美豐碩的果實！

祝福你順利畢業，並如願錄取自己心中真正想讀的學校與科系，成為意氣風發的大學新鮮人！

貼心小提醒

- 高三確實是很辛苦的一年，也可能是你求學生涯裡最難熬的一年。請放眼未來，沉住氣累積自身實力，保持良好的身心狀態及規律的生活作息，才能盡全力在考場上衝出好成績！

- 高三有密集的各類考試，包括段考、模擬考、學測、分科考試等，另外還需撥空準備書審資料及參加甄試，不少人因而感到心浮氣躁、焦慮不安，也不容易控制自己的情緒。請盡可能維持自己的身心平衡，避免輕易受他人影響，請專心致力於準備該考的測驗及該繳交的書審資料即可。最後終將苦盡甘來，成為理想校系的大一快樂新鮮人！

國家圖書館出版品預行編目資料

大學個人申請入學及四技二專甄選金榜必勝手冊 / 呂宗昕作. -- 初版.
-- 臺北市：商周出版，城邦文化事業股份有限公司出版：
英屬蓋曼群島商家庭傳媒股份有限公司城邦分公司發行, 2022.09
  面； 公分
ISBN 978-626-318-400-8（平裝）

1. 大學入學 2. 入學甄試

525.611   111012940

大學個人申請入學及四技二專甄選金榜必勝手冊

作　　　者／呂宗昕
責 任 編 輯／黃筠婷

版　　　權／江欣瑜、林易萱、吳亭儀
行 銷 業 務／林秀津、黃崇華、周佑潔
總 編 輯／程鳳儀
總 經 理／彭之琬
事業群總經理／黃淑貞
發 行 人／何飛鵬
法 律 顧 問／元禾法律事務所　王子文律師
出 版 者／商周出版
　　　　　　城邦文化事業股份有限公司
　　　　　　台北市 104 民生東路二段 141 號 9 樓
　　　　　　電話：(02) 25007008　傳真：(02) 25007759
　　　　　　E-mail：bwp.service@cite.com.tw
發　　　行／英屬蓋曼群島商家庭傳媒股份有限公司城邦分公司
　　　　　　台北市中山區民生東路二段 141 號 2 樓
　　　　　　書虫客服務專線：02-25007718・02-25007719
　　　　　　服務時間：週一至週五 09:30-12:00・13:30-17:00
　　　　　　24 小時傳真服務：02-25001990・02-25001991
　　　　　　郵撥帳號：19863813　戶名：書虫股份有限公司
　　　　　　讀者服務信箱：service@readingclub.com.tw
　　　　　　城邦讀書花園：www.cite.com.tw
香港發行所／城邦（香港）出版集團有限公司
　　　　　　香港灣仔駱克道 193 號東超商業中心 1 樓
　　　　　　Email：hkcite@biznetvigator.com
　　　　　　電話：(852) 25086231 傳真：(852) 25789337
馬新發行所／城邦（馬新）出版集團【Cité (M) Sdn. Bhd.】
　　　　　　41, Jalan Radin Anum, Bandar Baru Sri Petaling,
　　　　　　57000 Kuala Lumpur, Malaysia.
　　　　　　電話：(603) 90563833　傳真：(603) 90576622
　　　　　　E-mail：services@cite.my

封 面 設 計／徐璽工作室
插 畫 設 計／簡唯庭
版 型 設 計／張瀅渝
電 腦 排 版／旭豐數位排版有限公司
印　　　刷／韋懋印刷事業有限公司
總 經 銷／聯合發行股份有限公司
　　　　　　電話：(02) 2917-8022　傳真：(02) 2911-00053　客服專線：0800-055-365

■ 2022 年 09 月初版   printed in Taiwan
定價 400 元

城邦讀書花園
www.cite.com.tw